W0039047

kraut&rüben
blv
Das Jahreszeiten-Gartenbuch

Was Sie in diesem Buch finden

Das 1×1 des Biogärtnerns

Biogärtner stärken die Abwehrkräfte ihrer Pflanzen, sorgen für lebendigen Boden und überlassen vieles der Natur. Der Lohn: gesundes, wohlschmeckendes Obst und Gemüse.

In einem naturnahen Garten fühlen sich nicht nur viele Pflanzen, sondern auch Tiere und Menschen wohl.

Biologisch zu gärtnern heißt, mit der Natur zu gärtnern. So, wie es die Menschen getan haben, bevor Pestizide und bunte Düngekügelchen erfunden waren. Schließlich gelingt es Pflanzen, Tieren, Bakterien und Pilzen seit jeher in einem Gleichgewicht miteinander zu leben, von dem jeder profitiert.

Selbst wenn Gärtner Gemüse ernten, Obst pflücken oder Blumen bestaunen, stört das die natürlichen Kreisläufe nicht – solange niemand mehr nimmt, als er gibt.

Erst, wenn die Natur ihre Balance verliert, vermehren sich Schädlinge und Krankheitserreger so stark, dass ihre Feinde nicht mehr gegen sie ankommen.

Die Methoden im Biogarten zielen also darauf ab, natürliche Vorgänge zu erhalten und sogar für eine reiche Ernte zu nutzen. Der Vorteil moderner Gärtner gegenüber Bauern aus früheren Jahrunderten ist: Generationen von Naturwissenschaftlern haben viele Zusammenhänge und Abläufe zwischen Boden, Klima, Tierwelt und Pflanzenwachstum erforscht und so manches Geheimnis entschlüsselt. Wir verstehen heute besser, was in der Natur vor sich geht und können gezielter danach handeln. So weiß man längst, dass die Erde in den Gemüse- und Blumen-Beeten keine Ansammlung toter Krümel ist, sondern voller Leben steckt. Würmer und unzählige Mikroorganismen zerkauen und verdauen darin abgestorbene Pflanzenteile, Sand und andere Stoffe. Sie zersetzen Gewebe und sorgen für eine Bodenstruktur, die Wasser und Nährstoffe lange speichert. Deshalb gilt es im Biogarten, den Boden zu pflegen und lebendig zu halten.

So bleibt der Boden fruchtbar

- Der Boden wird im Frühling und Herbst mit der Grabegabel tief gelockert, ohne die Erdschollen zu wenden. Dadurch bleiben die Kleinstlebewesen in der Bodenschicht, in der für sie die besten Lebensbedingungen herrschen. Wird stattdessen mit dem Spaten umgegraben, geraten die Etagen durcheinander. Viele Mikroorganismen sterben ab, das Bodenleben erholt sich nur langsam von diesem Umbruch.

- Das Umgraben ist nur bei der Neuanlage oder bei extrem schweren, tonigen Böden empfehlenswert, die anders kaum zu bewirtschaften wären.
- Der Boden wird stets mit Pflanzenmaterial bedeckt, also gemulcht. Denn in der Natur liegt Boden nie lange nackt unter der Sonne. Entweder bedeckt ihn Vegetation oder eine dicke Schicht Laub oder Nadeln. Offener Boden verschlämmt bei Regen und seine Nährstoffe sickern ins Grundwasser. Bei Hitze dagegen dörrt er schnell aus.

Biologisch düngen

Pflanzen brauchen Nährstoffe, um zu wachsen, zu blühen und Früchte anzusetzen. Mit ihren Wurzeln ziehen sie die Mahlzeiten aus dem Boden. Die fehlenden Nährstoffe, müssen Gärtner beim Düngen wieder auffüllen. Das tun sie im Biogarten mit organischen Materialien, nicht mit künstlich gewonnenen Nährelementen.
Organische Dünger stammen von Pflanzen oder Tieren. Sie enthalten Stickstoff, Phosphor, Kalium und andere wichtige Nährstoffe – allerdings nicht pur, sondern gebunden. Erst, wenn die Bodenlebewesen sie bearbeitet haben, liegen sie gelöst vor und stehen den Pflanzen zur Verfügung. Was sich zunächst als lästiger Umweg anhört, ist äußerst hilfreich. Denn solange Stickstoff und Co. fest sitzen, können sie nicht in tiefere Bodenschichten ausgewaschen werden und verloren gehen. Organische Dünger geben die Nährstoffe genau dann ab, wenn Pflanzen sie zum Wachsen brauchen: bei warmen Wetter und in feuchtem Boden. Denn dann arbeiten auch die Organismen in der Erde auf Hochtouren, zersetzen den Dünger und versorgen die Wurzeln mit immer neuem Futternachschub.

Zu den wichtigsten Düngern im Biogarten zählen:

Kompost

Beim Kompostieren verrotten Garten- und Küchenabfälle zu wertvollem Humus. Er liefert nicht nur den Pflanzen Nährstoffe, sondern verbessert vor allem die Struktur der Erde. Boden, der jahrelang mit Kompost versorgt wurde, ist humos und locker und kann Wasser und Nährstoffe ausgezeichnet speichern. In Kompostbehältern oder auf einfachen Mieten (Haufen) können Biogärtner das »braune Gold« aus Garten- und Küchenabfällen gewinnen. Dabei gilt es nur wenige Regeln zu beachten:

Wer robuste Sorten sät und pflanzt und außerdem den Boden pflegt, sorgt für einen gesunden Garten.

- **Der richtige Platz:** Eine harmonische Rotte findet nur bei gleichmäßigen Feuchtigkeits- und Wärmeverhältnissen statt. In einem nasskalten Gartenwinkel arbeiten die Mikroorganismen zu langsam, in sonniger Südlage vertrocknen sie. Am besten liegt der Kompostplatz im Halbschatten einer Hecke, unter einem Baum oder einem Strauch.
- Damit die Abfälle schnell verrotten und nicht verfaulen oder austrocknen, ist **die richtige Mischung** von feuchten, nährstoffreichen Materialien wie Rasenschnitt, Küchenabfällen, ausgerupftem Unkraut, Stallmist und trockenen, nährstoffarmen Zutaten wie reinem Stroh, zerkleinerten Ästen oder Staudenstängeln ausschlaggebend: Kompost aus einer Mischung harter und weicher Abfälle ist der ideale Bodenverbesserer.
- Aus weichen und trockenen Abfällen wird **abwechselnd** eine Miete **aufgeschichtet**. Sie sollte am Fuß 1–1,50 m breit, mindestens 1 m lang und etwas mehr als 1 m hoch sein. Nach jeder 20 cm hohen Schicht streut man eine Hand voll Algenkalk und Hornspäne über den Haufen. Am Ende bedeckt ein »Pelz« aus Gartenerde oder Rasenschnitt die Miete, damit sie nicht austrocknet.

Reifer Kompost eignet sich für:

- Blumen- und Staudenbeete,
- den Gemüsegarten,
- Baumscheiben von Beerensträuchern und Obstbäumen.

Die groben, noch unverrotteten Teile eignen sich als:

- Grundlage für den nächsten Kompost
- sanft düngender Mulch unter Hecken und Sträuchern
- Mulch auf Obstgehölz-Baumscheiben.

Kompost versorgt den Boden mit Nährstoffen und reichert ihn mit wertvollem Humus an, der Wasser lange speichert.

Düngejauchen

Brennnesseln, Beinwellblätter und junges, frisch gezupftes Unkraut enthalten viele Nährstoffe. Eine Jauche daraus ergibt einen guten Flüssigdünger. Sie ist im Biogarten geradezu unentbehrlich (siehe Seite 93).

Natürliche Dünger

- **Stallmist**, am besten von Pferden, Schafen, Kühen und Kaninchen,
- **Horndünger** aus Hufen und Hörnern,
- **Knochenmehl**, liefert Phosphor und Kalzium.
- **Organische Volldünger** bestehen oft aus Zuckerrüben- oder Traubenresten, sie enthalten alle wichtigen Nährstoffe in pflanzenfreundlicher Zusammensetzung.
- **Gesteinsmehle**, staubfein gemahlen.

Gründüngung

Gründüngen bedeutet, man sät Pflanzen aus, um diese Wochen oder Monate später, kurz bevor sie blühen, samt Stängeln und Blättern oberflächlich in den Boden einzuarbeiten. Alle paar Jahre sollte man jedem Gemüsebeet eine Ruhepause gönnen und eine Saison lang mehrmals hintereinander Gründüngung säen. Auf einem Neubaugrundstück ist der Boden meist durch Baumaschinen verdichtet. Sonnenblumen, Lupinen oder Kleearten, großflächig angebaut, schicken ihre Wurzeln bis zu zwei Meter tief in den Boden und lockern verdichtete Schichten im Untergrund auf.

Was Gründüngung bewirkt:

- Sie lockert die Erde.
- Sie führt dem Boden Nährstoffe zu.
- Sie verhindert die Auswaschung von Nährstoffen in den Untergrund.
- Sie fördert das Bodenleben.
- Sie steigert den Humusgehalt.
- Sie unterdrückt Unkraut.

Platz für Tiere

Damit Schädlinge nicht überhandnehmen, müssen genügend Tiere im Garten leben, auf deren Speiseplan Blattläuse, Schnecken, Raupen und Co. stehen.
Geben Gärtner der Natur Raum und schaffen viele unterschiedliche Lebensbereiche, lassen sich zahlreiche dieser Nützlinge anlocken. Sie sorgen für ein gesundes biologisches Gleichgewicht. Abgesehen davon, dass ein tierfreundlicher Garten hilft, bedrohte Wildtiere vor dem Aussterben zu bewahren.

Das können Sie für Insekten, Vögel, Eidechsen, Spitzmäuse, Igel und andere Tiere tun:

- Hecken aus heimischen Gehölzen pflanzen – Wildsträucher versorgen Vögel mit Brutgelegenheiten und Nahrung. Zum Beispiel ernähren Holunder und Eberesche 62 verschiedene Vogelarten, die Früchte der meisten fremdländischen Sträucher oder Bäume schmecken dagegen kaum einem Vogel.
- Blumenwiesen säen – viele Wiesenblumen werden immer seltener. Von ihnen leben Wildbienen, Hummeln, Schmetterlinge, Käfer und andere Insekten (siehe Seite 103).
- Wilde Ecken mit Brennnesseln, oder Königskerzen, Natternkopf, Weidenröschen dulden – diese Wildkräuter erfüllen wichtige Aufgaben. So legen etwa Admiral, Tagpfauenauge, Kleiner Fuchs und einige andere Schmetterlinge ihre Eier an der Brennnessel ab.
- Teiche und Sumpfbeete anlegen – dort finden Frösche, Libellen und Molche ihren Lebensraum. Gold- und andere Zierfische leben besser nicht im Biogarten-Teich. Ihr Kot reichert das Wasser mit zu vielen Nährstoffen an, die das Algenwachstum fördern.
- Trockenmauern und Steinhaufen aufschichten – auf den heißen Steinen und in den Ritzen dazwischen fühlen sich Blindschleichen, Eidechsen und Laufkäfer wohl (siehe Seite 50).
- Laub- und Holzhaufen über den Winter oder sogar mehrere Jahre liegen lassen: In unaufgeräumten Gartenecken überwintern Igel, Kröten und Käfer.
- Artgerechte Nisthilfen und Winterquartiere errichten, in denen Insekten und andere Wildtiere ein neues Zuhause finden (siehe Seite 164).

Bienenfreund wächst schnell, sorgt als Gründünger für eine gute Bodenstruktur und lockt Bienen an.

Pflanzenschutz im Biogarten

Biogärtner versuchen Krankheiten und Schädlingen, so gut es geht, vorzubeugen. Beste Voraussetzungen herrschen, wenn im Garten vor allem Pflanzen wurzeln, die der rauen Natur von Haus aus gewachsen sind.

- Wählen Sie solche Pflanzenarten und Sorten aus, die mit dem Klima und dem Boden in Ihrer Region gut zurecht kommen. Ortsansässige Gärtner und Nachbarn mit langer Gartenerfahrung können Ihnen dabei helfen.
- Ziehen Sie robuste Pflanzen empfindlichen Züchtungen vor. Bei Stauden sind oft die alten Sorten und Arten mit Wildcharakter hart im Nehmen. Sie werden seltener von Krankheiten und Schädlingen heimgesucht.
- Achten Sie bei neuen Züchtungen auf Resistenzen gegen problematische Krankheiten, zum Beispiel auf schorfresistente Apfelsorten, Rosen ohne Sternrußtau und Tomaten, die tolerant gegen Braunfäule sind.

Durch geschickte Gestaltung lässt sich außerdem im Garten ein Kleinklima schaffen, das die Pflanzen stärkt.

- Hecken im Westen und Norden des Gartens bremsen den Wind.
- Trockenmauern, die nach Süden zeigen, heizen sich stark auf – mediterrane Kräuter und Steingartenpflanzen fühlen sich zwischen den heißen Steinen wohl.
- Achten Sie immer darauf, dass die Lichtansprüche der Pflanzen erfüllt werden: Gemüse, Kräuter und Sommerblumen brauchen fast immer einen vollsonnigen Platz, Rhododendren oder Farne den Halbschatten unter Laubbäumen.

Eine bewährte Biogarten-Methode, Gemüsepflanzen und Kräuter zu stärken, sind Mischkultur und Fruchtwechsel. Damit ahmen Gärtner die Natur nach, denn dort kommen nur gemischte Pflanzengemeinschaften vor. Dieses Prinzip steckt dahinter:

- Verschiedene Pflanzenarten entziehen dem Boden unterschiedliche Nährstoffe. Durch Fruchtfolge und Mischkultur wird der Boden nicht einseitig ausgelaugt.
- Pflanzen scheiden über den Boden bestimmte Substanzen aus, die anderen Pflanzen helfen oder schaden können. Mit gut gewählten Beetpartnern macht man sich das zunutze.
- Krankheiten und Schädlinge reichern sich in abwechslungsreichen Pflanzungen nicht so stark an.

Beim **Fruchtwechsel** hält man einen vierjährigen Rhythmus ein.
Im ersten Jahr wird die Fläche gut mit Kompost und organischen Düngern versorgt. Dort wachsen anschließend Starkzehrer wie Kartoffeln, Zuckermais, Kürbisse, Kopfkohl oder Knollensellerie und Tomaten.
Im zweiten Jahr sät und pflanzt man Mittelzehrer wie Möhren, Zwiebeln, Rettiche, Spinat, Salate, Kohlrabi.
Im dritten Jahr folgen Schwachzehrer wie Erbsen, Bohnen und Kräuter.
Das vierte Jahr dient der Regeneration mit Gründüngung.
Mischkultur bedeutet, zwei oder mehrere Pflanzenarten auf einem Beet anzubauen. Gerne teilen sich Gemüse oder Salate mit Ringelblumen, Studentenblumen, Dill oder Kamille das Beet (siehe Seite 19).

Weitere Pflanzenschutzmaßnahmen im Biogarten sind:

- **Kräutertees, -brühen oder -jauchen**, mit denen die Planzen vorbeugend besprüht werden – zur Stärkung des Gewebes und zur Abwehr von Schädlingen oder Krankheiten (siehe Seite 85).
- **Steinmehl**, das vorbeugend über die Pflanzen gestreut wird, um deren Abwehrkräfte zu stärken.
- **Köder oder Barrieren**, etwa Leimringe gegen Frostspanner.
- **Pflanzenschutzmittel auf natürlicher Basis** (Seifen, Neem und andere Pflanzenextrakte), die Umwelt, andere Tiere und Mensch nicht beeinträchtigen.
- Das **Absammeln oder Abspritzen** von Schädlingen wie Schnecken, Raupen, Kartoffelkäfern und Blattläusen.

Wer im Biogarten erntet, kann sicher sein: Dieses Gemüse ist frei von Pestiziden, aber voll mit gesunden Inhaltsstoffen.

Frühling

Einen Gemüsegarten anlegen, einen Mischkultur-Plan austüfteln, Salate säen, Blumen und Kräuter pflanzen: Zu Beginn des Jahres stehen die Zeichen auf Neubeginn.

So entsteht ein Gemüsegarten

Wenn Salate und Gemüse in sorgfältig hergerichteten Beeten wurzeln, ist es bis zur Ernte ein Spaziergang.

Im Küchengarten darf es übersichtlich sein. Die Pflanzen haben Platz, Luft und sie sind leicht zu pflegen.

Der Entschluss ist gefasst: Im Garten wird eine Ecke zum Gemüsebeet. Darin sollen Salate, Kohlrabi, Zucchini und vieles mehr wachsen.
Dafür genügt es aber nicht, eine Fläche umzugraben und Samen auszustreuen. Die meisten Gemüse und Salate brauchen viel Licht, also einen Platz, der von März bis Oktober in der Sonne liegt. Und sie brauchen einen Standort, der mindestens 2 m Abstand zu Hecken, Sträuchern und Bäumen hält. Dann kommen dem Gemüse keine Wurzeln in die Quere. Die Luft staut sich nicht und bleibt in Bewegung, was Pilzkrankheiten vorbeugt. Ungünstig sind nach Süden geneigte Hänge oder Böschungen. Dort trocknet die Erde zu schnell aus.

Vom Rasen zum Beet

Erfahrene Gärtner bestätigen immer wieder: Ein lockerer, tiefgründiger Boden ist das Geheimnis ihres Erfolges.
Wollen Sie Ihren Gemüsegarten dort anlegen, wo vorher noch keine Beete waren? Dann stechen Sie aus dem Rasen oder der Wiese Grassoden aus, graben Sie den Boden spatentief um und mischen reifen Kompost sowie Hornspäne darunter. Auch dieser alte Gärtner-Trick hat sich bewährt: im Herbst eine lichtundurchlässige Folie auf der künftigen Beetfläche ausbreiten und mit Steinen beschweren. Bis zum Frühling stirbt der Rasen unter der Folie ab, Regenwürmer ziehen sich die toten Halme in den Boden und verdauen sie zu wertvollen Bodenkrümeln.
Sehr steinige oder verdichtete Standorte brauchen lange, um als Gemüsebeet Karriere zu machen. Davon können Hausbauer erzählen, die ihren platt gestampften Garten Stück für Stück in doppelter Spatentiefe lockern müssen und sich erst einmal mit dem Aussäen von Gründüngung begnügen. Oder werden Sie einige Ihrer Blumenbeete für Kraut und Rüben räumen? Dann graben Sie die Stauden ohne Rückstände aus. Viele noch so kleine Wurzelstücke, sei es von Herbstanemone oder von Goldrute, wachsen wieder an. Auch hartnäckigen Wildwuchs wie Giersch oder Quecke entfernen Sie akribisch mit der Grabgabel. In den Ecken dürfen ein paar Blumen stehen bleiben. Das sieht hübsch aus und bremst den Windzug in gesundem Maß. Einem gepflegten Boden genügt es meist, wenn Sie ihn

mit der Grabgabel tief lockern und mit Kompost und organischem Dünger verbessern, bevor Sie darauf Gemüse anbauen.

Beete im Fruchtwechsel

Gemüse braucht klare Grenzen. Ordnung erleichtert die Arbeit und hat sich in der Biogartenpraxis bewährt. Klassische Gemüsebeete sind rechteckig. Ihre Länge richtet sich nach der Größe des Gartens und nach der Gemüse-Menge, die man anbauen möchte. **Sie sollten nicht breiter als 1,20 m sein.** So reichen Ihre Arme bequem von beiden Seiten bis zur Mitte des Beetes. Durch längere Beete zieht man quer einen Mittelweg. Auf ihnen kann man bequem nach den Regeln des **Fruchtwechsels** arbeiten. Dazu teilen Sie den Gemüsegarten in vier Quartiere auf, eines für Starkzehrer wie Kohl oder Tomaten, eines für Mittelzehrer wie Salate oder Möhren, eines für Schwachzehrer wie einjährige Kräuter, Kapuzinerkresse und Portulak, Blumen oder Gründüngung. Auf dem vierten Feld wachsen Rhabarber oder mehrjährige Kräuter wie Schnittlauch und Zitronenmelisse. Jedes Quartier kann wiederum mehrere Beete umfassen.

Bunte Mischkultur

Für **Mischkulturen** genügen einfache Beete, die sich Gemüse, Blumen und Kräuter in bunter Vielfalt, aber mit System teilen. Wer möchte, kann runde, geschwungene oder dreieckige Beete anlegen.
Kurze Wege erleichtern die Arbeit – deshalb richten Sie möglichst einen Wasseranschluss in der Nähe des Gemüsegartens ein. Auch der Kompostplatz ist im besten Fall nach kurzer Schubkarrenfahrt erreicht. Trotzdem sollte er gut 5 m Abstand halten, damit die Schnecken von dort nicht zum nächtlichen Beutezug starten.

Wege, die alle zum Beet führen

- Um bei jedem Wetter **trockenen Fußes** zum Gemüsegarten zu gelangen, legen Sie Wege um Ihre Beete an. Sie helfen Ihnen, nicht in die Erde zu treten und verhindern, dass Sie den lockeren Boden mit jedem Fußtritt verdichten.
- Am einfachsten sind **Trampelpfade**. Damit diese bei langem Regen nicht matschig werden, bestreut man sie mit Rindenmulch. Oder man sät Rasen auf die Natur-Pfade, den man mit dem Mäher kurz hält. Schnelle Hilfe leisten lange Holzbretter. Leider nutzen Schnecken diese Variante gern als Versteck.
- Feste **Wege aus Platten** halten Jahrzehnte und sind einfach sauber zu halten. Auch markieren sie einzelne Quartiere für lange Zeit. Man kann preiswerte Betonplatten auf Sand verlegen oder zu edleren Materialien wie Natursteinen greifen. Manche Gärtner gestalten ihr Gemüseland wie ein Schmuckstück, das einem Ziergarten in nichts nachsteht.
- Für Wege gibt es kein festes Maß, doch sollten sie **mindestens 30 cm breit** sein, damit Sie bequem darauf laufen können, ohne ins Beet abzurutschen. 40–50 cm Breite erleichtern die Arbeit, denn dort hat sogar ein Schemel Platz oder man fährt mühelos mit der Schubkarre darüber. Auf solchen Pfaden lässt es sich prima zu zweit durch die Beete schlendern.

Gerade Gemüse-Reihen sehen hübsch aus. Außerdem lassen sie sich gut hacken und jäten. Entlang einer Richtschnur gelingt die Aussaat leicht.

Gemüse im Rahmen

Nicht nur auf Neuland gelingt der Gemüse-Anbau einfacher, wenn Sie Ihrem Beet einen Rahmen aus Holz verleihen. Wildkräuter werden ausgesperrt, Kinder erkennen und akzeptieren die Grenze als Stopp, und auch Hunde drehen vor solchen Kanten meistens ab.

Lockern sie die gesamte Fläche zunächst tief mit der Grabgabel. Je steiniger und verdichteter der Boden ist, desto höher muss der Rahmen ausfallen.

1 Nageln Sie Fichten- oder Lärchenbretter auf die Eckpfosten.

2 Fixieren Sie die Ecken mit Hilfspfosten, und verankern Sie den Rahmen mit kräftigen Schlägen im Boden.

3 Füllen Sie das Beet übers Bodenniveau hinaus bis zur Rahmenkante. Dafür eignen sich guter Mutterboden und reifer Kompost.

Gutes Gemüse aus gesunder Mischkultur

In guter Nachbarschaft wächst vieles besser. Denn manche Pflanzen helfen sich gegenseitig.

In der freien Natur wachsen Pflanzen nicht beetweise, sondern kunterbunt durcheinander. Als in der Jungsteinzeit vor etwa 13000 Jahren die Jäger und Sammler zum allerersten Mal Gerste, Linsen und Emmer aussäten, ahmten sie dieses Muster nach und verstreuten die Samen zusammen auf einer Fläche. Auch die Ureinwohner Amerikas setzten auf Vielfalt und bauten Mais gemeinsam mit Bohnen, Kürbissen, Süßkartoffeln oder Erdnüssen an. In den Anden leisten bis heute Dicke Bohnen den Kartoffeln Gesellschaft. Noch bis ins vergangene Jahrhundert wuchsen Kartoffeln einträchtig mit Weißkraut, Lauch und Zwiebeln auf den heimischen, kleinbäuerlichen Äckern.

Im Hausgarten teilten sich lange Zeit Gemüse und Salate die Beete, inzwischen mischen immer häufiger auch Kräuter und Blumen mit. Die sehen hübsch aus und locken scharenweise Schwebfliegen, Hummeln und Bienen in den Garten.

Viele Pflanzenkombinationen im Gemüsebeet beruhen auf überliefertem Wissen und den Erfahrungen unserer Vorfahren. Einige Aspekte haben Wissenschaftler überprüft und durch Zahlen wie Ertrag oder Anzahl der Schädlinge belegt. Reichlich zu forschen gibt es aber noch darüber, wie Pflanzen sich untereinander verständigen. Man weiß, sie verströmen ober- und unterirdische Signale, warnen vor Schädlingen, rufen Nützlinge herbei, beeinflussen das Mikroklima im Wurzelbereich oder bremsen das Wachstum von Nachbarpflanzen. Eingespielte Pflanzengemeinschaften kommen gut miteinander aus, weil sie »eine Sprache sprechen« und gelernt haben mit den Signalen des Nachbarn umzugehen.

Wie schnell diese Harmonie kippt, zeigt das Beispiel der Knoblauchsrauke, die große Flächen der USA erobert. Weil die dort heimischen Gewächse die fremde Sprache der eingewanderten Pflanze nicht verstehen, machen sie der Rauke ohne Widerworte Platz.

Grüne Unterhaltung

Ob es auf dem Gemüsebeet hin und wieder eine kleine Streiterei gibt oder ob man dort Wert auf eine gepflegte Konversation legt, wissen wir nicht, können es allenfalls an den Erträgen erahnen.

Rote Bete wächst gerne zusammen mit Gurken, Kohlrabi, Buschbohnen und Salat auf einem Beet.

Manche Pflanzen wie Mais oder Sonnenblume geben im Beet den Ton an. Unerwünschte Nachbarn haben neben ihnen meist das Nachsehen. Untersuchungen, die häufig mit Wurzel- oder Sprossextrakten durchgeführt wurden, belegen, dass manche Pflanzen besonders gerne andere Arten am Keimen hindern und damit unliebsame Nebenbuhler gar nicht erst aufkommen lassen. So unterdrücken etwa abgemähte Roggenpflanzen, die als Mulch zwischen Tomaten oder Brokkoli ausgelegt werden, die Keimung von Wildkräutern. Die Studentenblume sondert Stoffe in den Boden ab, die an den Wurzeln saugende Älchen (Nematoden) abwehren.

Ringelblumen duften den Boden gesund. Sie vertragen sich gut mit allen Gemüsearten, Salaten und vielen Kräutern.

Wie man die Arten auf dem Beet mischt, bleibt der eigenen Vorliebe überlassen. **Üblich sind diese Anbauweisen:**

- reihenweise (Einzelreihen, z. B. Salat mit Kohlrabi)
- streifenweise (z. B. mehrere Reihen Zwiebeln mit 1–2 Reihen Möhren)
- in der Reihe (z.B. abwechselnd grüne und rote Salate)
- zeitlich gestaffelt (z. B. Spinat erst säen, nachdem Sellerie eine gewisse Größe erreicht hat)

Wenn der Salat mit der Zeit unter den Blättern des Blumenkohls verschwindet und der Mangold den langsam wachsenden Sellerie überwuchert – dann hat der Gärtner zu eng gepflanzt. Das ist der häufigste Anfängerfehler. Die wichtigste Regel für Mischkultur-Gärtner lautet deshalb: **Abstand halten**. Alles weitere beruht auf überlieferten und eigenen Erfahrungen. Es auszuprobieren lohnt sich. Denn es gibt viele Gründe, die für den Anbau in Mischkultur sprechen:

Beste Beetnutzung

Viele Gärtner pflanzen mehrere Gemüsearten aufs Beet, weil sie …

- Platz, Licht, Wasser und Nährstoffe optimal nutzen möchten und
- Wert legen auf große Erntevielfalt.

In älteren Gartenbüchern findet man häufig den Tipp, **Tief- und Flachwurzler** wie Möhren und Salat zu kombinieren, um die Nährstoffe in verschiedenen Bodenschichten auszunutzen.

Zu Füßen von **Sonnenanbetern** (z. B. Mais, Sonnenblume) fühlen sich **Schattengewächse** wohl (z. B. Bohne, Kürbis), wobei die niedrigen Gewächse ihren Schattenspendern danken, indem sie ihrem Partner den Aufenthalt im Beet so angenehm wie möglich machen und den Boden gleichmäßig feucht halten.

Pflanzen, die düngen

Schmetterlingsblütler wie Erbsen, Bohnen, Klee und Linsen sind begehrte Beetpartner, reichern sie doch den Boden mit Stickstoff an, den Bakterien in ihren Wurzeln für sie sammeln. Weizen und Linsen wuchsen früher gemeinsam auf dem Feld, die Linse düngte den Boden, während sie die Weizenhalme zum Festhalten nutzte. In regenreichen Regionen pflanzen Gärtner Kopfkohl zwischen Kleestreifen. Um Gerangel um Wasser und Nährstoffe zu vermeiden, muss der Klee regelmäßig geschnitten und kurzgehalten werden.

Pflanzen, die weglocken

Der Beetpartner dient zuweilen auch als Fangpflanze, die für Schnecken, Raupen und andere unliebsame Gäste attraktiver ist als das Gemüse. So siedeln sich Schwarze Bohnenläuse gerne auf der Kapuziner-

Erprobte Ablenkungsmanöver

Lockpflanze	schützt	vor
Kapuzinerkresse	Kopfkohl	Kohlweißlingsraupen
Blattkohl	Kopfkohl	Kohlmotte
Studentenblume	Gemüse, Salate	Nacktschnecken
Sonnenblume, Weizen	Mais, Kartoffeln	Drahtwürmer

kresse an und übersehen glatt die Bohnenpflänzchen nebenan. Studentenblumen schmecken Schnecken so gut, dass sie jedes Gemüse links liegen lassen.

Pflanzen, die anlocken

Biogärtner ergänzen klassische Mischkultur-Duos mit Blumen und Kräutern. Diese Nachbarn locken mit ihrem süßen Nektar oder als Wohnort für Blattläuse viele Insekten an. Schwebfliegen, Florfliegen, Schlupfwespen, Laufkäfer und andere »Fleischfresser« sind dann bereits vor Ort, wenn Blattläuse oder Raupen sich auf Gemüse und Salaten einfinden.

Pflanzen, die schützen

Boden: Lauch, Buschbohne oder Kartoffel hinterlassen feinkrümeligen Boden, in dem andere Gemüsearten gerne wurzeln. Die Wurzeln und Blätter von Kürbis, Melone, Zucchini, Feldsalat, Spinat, Winterpostelein und anderen Bodendeckern verhindern, dass die Erde weggeschwemmt wird.

Wind: Mehrere Reihen Mais oder Sonnenblumen schützen windempfindliches Gemüse wie Gurken, Paprika und Auberginen, deren Triebe leicht abbrechen.

Wildkräuter: Schnell und dicht wachsende Arten oder solche mit großen Blättern bremsen Wildkräuter aus.

Sonne: Bohnen und Kürbisse sind anfällig für Sonnenbrand. Beetpartner sorgen für lichten Schatten.

Schädlinge: Pflanzen bilden eine Barriere, tarnen Wirtspflanzen oder irritieren optisch. So finden Thripse und Weiße Fliegen ihr Ziel, indem sie nach Grün mit braunem Hintergrund suchen. Eine bewachsene, grüne Fläche übersehen und überfliegen sie.

Ernte sichern

In nassen Jahren faulen Salat und Tomaten, während Kohlrabi, Weißkraut und Grünkohl prächtig gedeihen. Der Anbau in Mischkultur verhindert Totalausfälle, verursacht durch Nässe, Trockenheit, Hagel oder Schädlinge. Statt auf Höchsterträge setzt der Gärtner durch diese bewährte Methode auf Sicherheit.

Untersuchungen beweisen, dass es funktioniert: Kanadische Forscher säten gemischtes Weizensaatgut aus. Dieser Sortenmix lieferte höhere Erträge als bei Einzelanbau, da der Bestand weniger unter Blattkrankheiten litt, obwohl die Mischung auch eine besonders anfällige Sorte enthielt.

US-Forscher kamen zum selben Ergebnis bei Brokkoli. Eine gesäte Sortenmischung wurde deutlich weniger von Läusen befallen als einzeln angebaute Sorten.

Zwiebeln und Gelbe Rüben sind beliebte Mischkulturpartner.

Die drei Schwestern

… nennen die Indianer Nordamerikas Mais, Bohne und Kürbis, die sie traditionell zusammen anbauen und damit die Fläche optimal nutzen. Der stämmige Indianer-Mais überragt die beiden kleinen Schwestern, er spendet Schatten und an seinem Stängel findet die Bohne Halt. Deren Wurzeln wiederum helfen den Stickstoff-Vorrat im Boden aufzufüllen.

Der Kürbis fängt am Boden das Licht ein, das das Laubdach über ihm durchlässt. Mit seinen großen Blättern bedeckt er die nackte Erde, er unterdrückt Wildkräuter und sorgt für feuchten Untergrund. Außerdem halten die mit stacheligen Härchen überzogenen Kürbisranken Waschbären davon ab, den Mais zu plündern.

Forscher fanden heraus: Wächst der Mais zusammen mit seinen Schwestern auf dem Beet, liefert er deutlich höhere Erträge als alleinstehender Mais. Die Früchte von Kürbis und Bohne sind eine willkommene Zugabe, ihre Ernte fällt im Vergleich weniger üppig aus. Der Mais ist für die Indianer die wichtigste Kultur, deshalb hat er Vorrang. Würde man ihn weniger dicht säen, bekäme der Kürbis mehr Licht und er wäre derjenige, der die Spitzenerträge liefert.

Diese Variante wäre denkbar für mitteleuropäische Beete: Kürbisse und Zucchini zwischen locker gesetzten Zuckermais pflanzen. Zucchini und Kürbisse liefern reiche Ernte für zahlreiche Sommer- und Herbst-Gerichte, der Mais einige süß-zarte Kolben für den Grill.

Der Mais wächst am besten in mehreren Reihen oder in einer Spirale, denn seine Blüten werden durch den Wind mit den Pollen der Nachbarpflanzen bestäubt. Stehen die Maispflanzen wie Soldaten in einer Reihe, bekommen die äußeren womöglich keine fremden Pollen ab.

Die Indianer pflanzen die drei Schwestern Kürbis, Stangenbohne und Mais zusammen an – zum gegenseitigen Nutzen.

	Basilikum	Blumenkohl	Bohne	Bohnenkraut	Borretsch	Brokkoli	Chinakohl	Dill	Endivie	Erbse	Erdbeere	Feldsalat	Fenchel	Grünkohl	Gurke	Kartoffel	Knoblauch	Kohlrabi	Kopfkohl	Kopfsalat	Kürbis	Mangold	Melde	Melisse	Möhren	Paprika	Pastinake	Petersilie	Pfefferminze	Porree	Puffbohne	Radieschen	Rauke	Rettich	Rosenkohl	Rote Bete	Salbei	Schnittlauch	Sellerie	Spinat	Tomate	Thymian	Zucchini	Zwiebel
Basilikum				●									🟢		🟢							🟢		●													●				🟢	●	🟢	
Blumenkohl			🟢																●			🟢			🟢									●					🟢					
Bohne		🟢		🟢				🟢	🟢	●	🟢		●	🟢	🟢	🟢	●	🟢	🟢			🟢								●	●					🟢			🟢				🟢	●
Bohnenkraut	●		🟢																																	🟢								
Borretsch															🟢			🟢	🟢																						🟢		🟢	
Brokkoli									🟢										●	🟢									🟢		🟢	●		●					🟢					
Chinakohl									🟢										●													●		●										
Dill			🟢							🟢					🟢	🟢		🟢	🟢	🟢	●				🟢			●								🟢			●					🟢
Endivie			🟢			🟢	🟢					🟢		🟢				🟢	🟢				🟢		🟢					🟢									●	🟢				
Erbse			●					🟢					🟢	🟢		●	●	🟢						🟢	🟢	●				●	●			🟢							●			●
Erdbeere			🟢									🟢					🟢		●	🟢			🟢	🟢						🟢		●	🟢	●						🟢				🟢
Feldsalat									🟢		🟢							🟢														🟢												🟢
Fenchel	🟢		●							🟢					🟢					🟢							●														●			
Grünkohl			🟢						🟢	🟢					🟢	●		🟢	●									🟢	🟢	●	🟢	🟢		🟢					🟢	🟢				
Gurke	🟢		🟢		🟢			🟢					🟢	🟢		●	🟢			🟢	●					●		🟢				●		●		🟢			🟢		●			
Kamille																		🟢	🟢											🟢									🟢					🟢
Kapuzinerkresse																🟢										🟢															🟢		🟢	
Kartoffel			🟢					🟢		●				●	●		●		🟢							●					🟢					●			●		●			●
Knoblauch			●							●	🟢				🟢	●									🟢	🟢		🟢		●						🟢					🟢			
Kohlrabi			🟢		🟢			🟢	🟢	🟢		🟢			🟢					🟢			🟢							🟢		●		●		🟢			🟢	🟢				
Kopfkohl			🟢		🟢			🟢	🟢													🟢	🟢						🟢	🟢		●		●		🟢			🟢	🟢	🟢			●
Kopfsalat								🟢			🟢		🟢		🟢			🟢							🟢			●				🟢	🟢	🟢					●					🟢
Kürbis						🟢		●							●																													
Mangold	🟢	🟢	🟢																🟢		🟢		●		🟢							🟢		🟢		●				●				
Melde									🟢		🟢							🟢	🟢			●					🟢				🟢	🟢			🟢					●			🟢	
Melisse	●									🟢	🟢																																	
Möhren		🟢						🟢	🟢	🟢							🟢			🟢		🟢					●	●		🟢									●					🟢
Paprika			🟢							●					●	●	🟢																						●		●			
Pastinake													●									🟢			●			●								🟢			●	🟢				
Petersilie								●						🟢	🟢		🟢			●					●		●			🟢		🟢		🟢					●		🟢			
Pfefferminze						🟢								🟢					🟢																🟢									
Porree			●						🟢	●	🟢			●			●	🟢	🟢						🟢			🟢						🟢		●		●	🟢		🟢			
Puffbohne			●			🟢				●				🟢		🟢							🟢												🟢	🟢				🟢				
Radieschen						●	●				●	🟢		🟢	●			●	●	🟢		🟢	🟢					🟢					●	●	●					🟢			●	
Rauke											🟢																					●		●					🟢					
Rettich		●				●	●			🟢	●			🟢	●			●	●	🟢		🟢						🟢				●	●		●								●	
Ringelblume											🟢	🟢				🟢					🟢					🟢		🟢											🟢		🟢			
Rosenkohl																							🟢						🟢	🟢	🟢	●		●					🟢	🟢				
Rote Bete			🟢	🟢				🟢							🟢	●	🟢	🟢	🟢			●				🟢				●	🟢									●				🟢
Salbei	●																																											
Schnittlauch																														●														
Schwarzwurzel																		🟢																										
Sellerie		🟢	🟢			🟢		●	●					🟢	🟢	●		🟢	🟢	●					●	●	●	●		🟢			🟢		🟢					🟢	🟢			
Senf		●				●												●	●													●	●		●									
Sonnenblume																●																												
Spinat									🟢		🟢			🟢				🟢	🟢			●	●				🟢				🟢	🟢			🟢	●			🟢				🟢	
Tagetes											🟢																												🟢					
Tomate	🟢				🟢					●			●		●	●	🟢		🟢									🟢		🟢									🟢					
Thymian	●																																											
Winterportulak												🟢											🟢								🟢		🟢							🟢				
Zucchini	🟢		🟢		🟢																		🟢									●		●						🟢				
Zwiebel			●					🟢		●	🟢	🟢				●			●	🟢					🟢											🟢								

● = schlechte Partner; 🟢 = gute Partner

Gemüse für Einsteiger

Diese Gemüse gedeihen auf Anhieb und bringen reiche Ernten. Solche Erfolgserlebnisse machen Lust auf mehr, außerdem spornen sie zu Experimenten mit anderen Arten an.

Salate, Möhren und Tomaten aus dem eigenen Garten – ein Traum! Um den zu verwirklichen, sucht man sich ein Stück Land oder gräbt ein Beet im Rasen um – so schwer kann das ja alles gar nicht sein, könnte man denken. Einige Gemüse-Novizen, die vor Lust und Tatkraft geradezu aus allen Nähten platzen, geben dennoch nach wenigen Monaten auf. Mal sind die Schnecken schuld daran, mal der Hagel oder der Rücken. Andere Garten-Frischlinge dagegen können sich ein Leben ohne Gemüsebeet bald gar nicht mehr vorstellen.

Oft liegt es an frühen Erfolgserlebnissen oder am Ausbleiben derselben, ob jemand die Klippen des Neubeginns meistert oder nicht. Junggärtner, die im ersten Jahr ihrer Karriere völlig begeistert in Zuckererbsen und Wildtomaten schwimmen, wagen sich nach wenigen Jahren an Gemüse-Diven wie Artischocken oder Auberginen heran und lassen sich von gelegentlichen Misserfolgen nicht aus der Fassung bringen.

Natürlich baut man hauptsächlich das an, was einem selbst und der Familie am besten schmeckt. Möhren, Salat und Kohlrabi stehen meist ganz oben auf der Wunschliste. Aber Madengänge, Schneckenfraß oder Salatköpfe, die plötzlich schossen, vermiesen Gemüse-Anfängern manchmal den Ernte-Erfolg.

Gärtner, denen es an Erfahrung oder Zeit mangelt, tun sich einen Gefallen, wenn sie immer auch einige Gemüse mit Erfolgsgarantie anpflanzen. Diese Robustlinge brauchen wenig Pflege, kommen mit fast jedem Boden zurecht und zählen nicht zu den Leibspeisen von Schnecken und Läusen. Sie sind gesund, schmecken gut und lassen sich vielfältig in der Küche einsetzen.

Hier gedeihen sie prächtig

Suchen Sie für das junge Gemüse einen sonnigen Platz im Garten. Hecken und Gebäude sollten weniger als einen halben Tag lang Schatten auf das Beet werfen. Kleine und mittelgroße Stauden in der Nachbarschaft stören nicht, aber Bäume und Sträucher schieben rasch ihre Wurzeln unter Salate und Gemüse. Denn dort finden sie einen gut ernährten und regelmäßig gewässerten Boden vor.

Ob Salat, Pastinake oder Zucchini – Gemüse lieben lockere, humose Erde. Wenn Sie das Beet neu anlegen, heben Sie zuerst die Grasnarbe flach ab. Dann lockern Sie die

Brokkoli ist ein hungriges Gemüse. Aber mit einer extra Portion organischem Dünger liefert er zuverlässig gute Ernte.

Bis sie gut eingewurzelt sind, brauchen junge Gemüsepflanzen täglich Wasser.

obersten 30 cm Erde mit Spaten oder Grabegabel. Oft muss der Boden noch mit gut verrottetem Kompost und organischem Dünger verbessert werden.

Brokkoli und Zucchini mögen einen gut gedüngten Boden. Salate, Feuerbohnen und Zuckererbsen können ganz darauf verzichten. Pastinaken, Rote Rüben, Mangold haben einen mittleren Nährstoffbedarf.

Mit genügend Abstand säen

- Es gibt zwei Möglichkeiten an Gemüsepflanzen heranzukommen: aussäen oder Pflanzen kaufen beziehungsweise von Freunden schenken lassen. Die meisten Gemüse **säen Sie direkt ins Beet.** Dazu gehören Erbsen, Bohnen, Mangold, Pastinaken und Amaranth.
- Gemüse sät man meist in Reihen aus und hält sich strikt an die Abstände, die auf der Packung angegeben sind. Das ist wichtig, damit sich Wurzeln, Knollen und Blätter gut entwickeln. Viele Gärtner – und bei Weitem nicht nur Anfänger – säen zu dicht, weil sie zu viel in ihren Garten hineinpacken wollen.
- Auch das Ausdünnen auf einen bestimmten Abstand (auf der Samenpackung nachlesen) innerhalb der Reihen ist wichtig. Sobald die Keimlinge mit zwei Fingern gut zu fassen sind, zupfen Sie die überschüssigen weg. Das macht Arbeit, lohnt sich aber: Zwiebeln, Pastinaken und Rote Rüben werden nur so dick, wie sie Platz zur Verfügung haben. Blattgemüse, die sich drängeln müssen, bleiben mickrig, leiden unter Mehltau und machen Arbeit in der Küche.
- Zucchini, Brokkoli, Rote Bete und Salate kann man **als junge Setzlinge kaufen** oder in Töpfen und im Frühbeet vorziehen. Sie lassen sich dann früher ernten. Achten Sie beim Pflanzen auf die richtigen Abstände und gießen Sie das junge Gemüse kräftig.

Gemüse mit Geling-Garantie

Gemüse	direkt ins Beet säen	in Töpfe säen/pflanzen	ernten	Bemerkungen
Amaranth	Mai–August	–	Juni–Frost	mag Hitze und Trockenheit, gießen nicht nötig
Brokkoli	Mai	April/Anfang Juni	ab Juli–Frost	lila-farbige Sorten sehen im Beet dekorativ aus
Feuerbohnen	Mai	April/Mitte Mai	August–Frost	Vorkultur lohnt, wenn es viele Schnecken gibt
Mangold	Mai–Juli	–	Juli–Frost	jung als Blattgemüse ernten, später die Stiele
Pastinaken	März–Mai	–	ab August	vertragen Frost, jung geerntet sehr feines Aroma
Pflücksalat	März–August	Februar/März–April	ab Juni	alle 3 Wochen einige Pflanzen oder Reihe säen
Rote Bete	ab Ende April	April/Mitte Mai	August–Frost	auch sehr große Knollen werden selten holzig
Tomaten	ab Mai	März/Mitte Mai	Juli–Frost	Anbau im Topf oder unter Regenschutz
Zucchini	ab Ende April	April/Mitte Mai	Juli–Frost	Früchte möglichst jung ernten
Zuckererbsen	ab März	–	ab Juni	gießen, wenn der Frühling trocken ist
Zwiebeln	März/April	–	Juli–September	einzelne Schloten als Gewürz ernten

- In den ersten Nächten nach ihrem Umzug verströmen die Pflanzen ein Gas, das Schnecken wittern. Sie eilen herbei, denn geschwächte Pflanzen sind ihre Leibspeise. Biologisches Schneckenkorn, im Umkreis der grünen Neulinge verteilt, bewahrt vor möglichem Kahlfraß.

Doppelt ernten

Um mit weniger Arbeitsaufwand mehr zu ernten, hat sich folgender Trick bewährt: Säen oder pflanzen Sie die Gemüse so, dass die Abstände zwischen den einzelnen Pflanzen nur halb so groß sind, wie auf der Samentüte empfohlen. Doch bevor sich die Blätter bedrängen oder die Zwiebeln oder Rüben berühren, ziehen Sie jede zweite Pflanze samt Wurzeln aus dem Boden. Dann stimmen die Abstände wieder, die übrigen Pflanzen können sich frei entfalten und Sie haben zartes Babygemüse für die Küche.
Das klappt hervorragend bei: Mangold, Roten Beten, Salaten, Zwiebeln, Pastinaken. Sie sollten nur auf keinen Fall vergessen, rechtzeitig die jungen Gemüse zu ernten, sonst wird's eng im Beet.

Wenig Arbeit, viel Ertrag

Die Gemüse aus der Tabelle (linke Seite) brauchen wenig Pflege. Ab und an das Unkraut zu jäten ist nötig, gegossen wird nur in extrem trockenen und heißen Sommern. Wer eine 3 cm dicke Schicht Rasenschnitt auf der Erde zwischen den Pflanzen verteilt, sorgt für feuchten Boden, in dem kaum unerwünschte Wildkräuter sprießen.

Kletterbohnen sät man ab Mitte Mai direkt ins Beet: Am besten jeweils in 6er-Gruppen um eine Bohnenstange herum.

Kartoffel-Anbau lohnt sich

Kartoffeln aus dem eigenen Beet schmecken immer besser als gekaufte. Und das Beste ist: Die gesunden Knollen stellen keine großen Ansprüche an Boden und Gärtner.

Kartoffeln lieben jungfräulichen Boden«, pflegten die Bauern früher zu sagen. Erster sein, das ist ganz nach Kartoffel-Geschmack. Die größten Knollen ernten diejenigen, die nach dem Hausbau ihren frischen Garten für ein Jahr den Erdäpfeln überlassen; oder die einen Gemüsegarten neu anlegen. Ganz ohne den Boden vorher tief zu lockern, geht es zwar nicht. Doch dann entwickeln sich die Pflanzen konkurrenzlos glücklich, denn Fäulniserreger oder Kartoffel-Schädlinge sind einfach noch nicht da.
Als Belohnung halten Kartoffel-Fans prächtige Knollen in der Hand, meist schöner als die vom Händler. Kratzt man ihnen ein paar Bodenkrümel von der Schale und dämpft sie sanft, schmecken sie erstklassig würzig, auch ohne Salz und Pfeffer. Zufall? Vielleicht liegt es eher daran, dass man im Garten die vielen alten Sorten ausprobieren kann, die Geschmack vor Ertrag stellen. Dass sie ungespritzt wachsen dürfen. Dass sie frisch vom Beet auf den Teller kommen. Egal – wer sie einmal selbst gezogen und geerntet hat, für den werden Kartoffeln im Garten fortan immer die ersten sein.

Alte Sorten zum Verlieben

Wer sagt denn, dass Kartoffeln nur goldgelb sind? Blaue, violette und rote Sorten brachten jahrhundertelang Farbe auf die Teller. Jetzt hat man sie wiederentdeckt.

- 'Blue Salad Potato' ist eine alte schottische Landsorte, die unter ihrer blauen Schale einen kräftigen Geschmack versteckt. Auch das Fleisch ist blau, hell und dunkel marmoriert.
- 'Rote Emmalie' ist eigentlich eine neue Sorte, doch eine Tochter der historischen 'Roten Emma'. Die langovalen Knollen der Nachfahrin schmecken sehr würzig und eignen sich nicht nur als Pellkartoffeln, sondern auch für Salate.
- 'La Bonnotte' ist die Königin der französischen Kartoffeln, für ihre Knollen werden Spitzenpreise erzielt. Die kleinen runden Frühkartoffeln besitzen einen Geschmack, der auf der Zunge zergeht.
- 'Naglerner Kipfler' stammt aus Österreich und ist gut 50 Jahre alt. Die fingerförmigen Knollen bleiben fest und cremig, ein Genuss in jedem Kartoffelsalat.

Die beste Pflanzzeit für Kartoffeln ist Anfang Mai. Legen Sie die Knollen nicht früher in den Boden – die zarten Blätter erfrieren sehr leicht, wenn sie vor dem letzten Frost durch die Erde stoßen. Kündigt der Wetterbericht im Mai noch kalte Nächte an, deckt man abends ein Gemüsevlies oder Stroh über die Blattspitzen und entfernt es am nächsten Tag.

'Naglerner Kipfler'

'Blue Salad Potato'

'La Bonnotte'

'Rote Emmalie'

Kartoffeln wachsen auch im Topf

Dass sich Kartoffeln im Kübel viel schneller entwickeln als auf dem Beet, ist eine gute Nachricht für alle, die keinen großen Garten haben. Denn ein Gefäß mit 15–20 Liter Volumen – und das genügt für den Kartoffelanbau – passt selbst auf einen Balkon. Im Topf sollten Löcher und eine daumendicke Dränageschicht aus Kies für guten Wasserabzug sorgen. Ab März legen Sie 3 Knollen früher Sorten wie 'Christa' oder 'Annabelle' in eine 20 cm hohe Erdschicht und bedecken sie mit Erde. Während des Wachstums noch zwei weitere Male Erde nachfüllen, jeweils wenn das Kraut 10 cm hoch ist. Ende Juni steht die Kartoffelernte an. Dazu den Kübel umlegen, Erde vorsichtig ausräumen und die Knollen einsammeln.

Wenn der Kartoffelkäfer kommt

Sobald der Löwenzahn zu blühen beginnt, krabbeln die im Boden überwinternden Kartoffelkäfer an die Oberfläche und beginnen an den Blättern zu fressen. Die Käfer können sogar meilenweit fliegen, bis sie Kartoffelpflanzen finden. Um zu verhindern, dass die Tiere das Kartoffellaub kahl fressen, hilft nur eins: die Käfer und orangefarbenen Larven absammeln. Drehen Sie außerdem die Blätter um. Finden Sie auf der Unterseite die auffallend gelborangen Eigelege, zerdrücken Sie sie gründlich.

Hübsch und giftig

Violettfarbene, weiße und gelbe Blütensternchen steckte sich Marie-Antoinette einst ins Haar. Denn Kartoffelnblüten waren im 18. Jahrhundert etwas so Besonderes, dass man sie erst nur am Königshof kannte und zwar als Zier-, nicht als Nutzpflanze. Vor allem **alte Sorten blühen bunt**, wobei man von der Blütenfarbe nicht auf die der Knolle schließen kann. Moderne Sorten vernachlässigen das Blühen zusehends. Kartoffelblüten **bestäuben sich selbst**. Bienen und Hummeln verteilen den Blütenstaub nur zufällig. Die nektararmen Kartoffelblüten sind für sie nicht interessant. Aus den Blüten entwickeln sich kirschgroße, **grüne Beeren, die giftig sind**. Sie enthalten noch mehr Solanin als alle anderen grünen Teile der Kartoffel. Nur in den Keimen der Knollen ist die Konzentration höher.

Gut zu wissen

- Die wichtigste Voraussetzung für eine gute Kartoffelernte ist gesundes Pflanzgut. Besser Sie verwenden nur ausgewiesene Saatkartoffeln. Speisekartoffeln aus dem Supermarkt sind oft mit Bakterien und Viren verseucht.
- Kartoffelreihen sollten in Windrichtung verlaufen, damit nasse Blätter nach dem Regen schnell abtrocknen.
- Je öfter Kartoffeln auf derselben Fläche wachsen, desto schneller reichern sich Krankheitserreger im Boden an. Deshalb sollte man das Beet jährlich wechseln.
- Gegen Kraut- und Braunfäule die Blätter vorbeugend mit Gesteinsmehl einstäuben. Biogärtner sprühen zudem mit Magermilch oder Schachtelhalmtee.
- Das Gemüse wächst auch unter einer Schicht aus Heu oder Stroh. Dazu legt man die Saatkartoffeln auf eine gemähte Wiese und breitet das Heu locker darüber. Geerntet wird, indem man einfach die Heudecke zur Seite schlägt.
- 500 g Kartoffeln decken den menschlichen Tagesbedarf an Vitamin C, vorausgesetzt sie werden schonend zubereitet und nicht verkocht.

4 Schritte zum eigenen Mini-Acker

Kartoffeln brauchen einen lockeren Boden. Verbessern Sie die Erde deshalb mit reifem, gesiebtem Kompost, den Sie vor dem Pflanzen in die Saatrille geben.
Kartoffeln teilen sich d as Beet gerne mit Buschbohnen, Kapuzinerkresse, Kohl, Tagetes und Ringelblumen.

1 Vor dem Legen stellt man die Knollen in einem Eierkarton für 4 Wochen bei 10–15 °C an einen hellen Ort. Möglichst viele Keime sollten nach oben zeigen. Vorgekeimte Kartoffeln wachsen schneller an.

2 Ziehen Sie 5 cm tiefe Rillen mit 50 cm Abstand. Spannen Sie eine Richtschnur, damit die Reihen gerade werden.

3 Legen Sie alle 30 cm eine Knolle in die Furchen. Die Keime müssen dabei nach oben weisen. Nehmen Sie nur Pflanzgut ohne verletzte Stellen.

4 Streuen Sie ein wenig Steinmehl und Kompost über die Knollen. Nehmen Sie einen Rechen und bedecken Sie das Pflanzgut mit Erde.

5 Ist das Kraut 10 cm hoch, häufelt man die Pflanzen mit Erde an. Das garantiert, dass die Knollen im Dunklen wachsen, nicht vergrünen, sich wohlgeformt entwickeln und voller Geschmack stecken. Sobald das Kraut wieder 10 cm über die Erde hinausragt, wird ein weiteres Mal angehäufelt.

Düngen im Biogarten

Dieser Speiseplan macht Gemüse, Obst, Blumen und Gehölze rund ums Jahr satt – mit organischen Düngern, die Boden und Pflanzen gut bekommen.

Bio-Dünger ernähren Pflanzen mit Hilfe der Natur. Jede Gabe ist zunächst ein gefundenes Fressen für die Bodenlebewesen, für Würmer, Springschwänze, Bakterien oder Pilze. Diese verdauen den Dünger und zersetzen ihn dann in seine Bestandteile, unter anderem in alle Nährstoffe, die für die Pflanzen wichtig sind. In dieser Wirkungsweise liegt der Unterschied zu synthetischem Dünger wie dem Stickstoff-Lieferanten Blaukorn. Solche Körner oder Pulver sind Nährstoffe in Reinform. Gießwasser und Regen spülen diese direkt an die Wurzeln. Was zu viel ist, versickert in tiefen Bodenschichten oder verbrennt schlimmstenfalls die Wurzeln. Mangels Futter sterben die Kleinstlebewesen, der Boden verarmt, der Humus schwindet. Was kann schon auf Dauer in reiner Nährlösung gedeihen?

Auf einem organisch gedüngten Boden bestimmen Gemüse, Obst und Blumen selbst, wann sie welche Nährstoffe haben wollen. Schlürfen ihre Wurzeln hungrig im Untergrund, sorgt das Bodenleben für Nachschub. Zeigen sich die Pflanzen mit der Ausbeute zufrieden, bleiben alle weiteren Nährstoffe im Humus gebunden. Biologisch versorgte Pflanzen wachsen kräftig und gesund. Ihr Gewebe ist fest. Gemüse und Obst lassen sich dadurch lange lagern und besitzen ein gutes Aroma.

Alleskönner Kompost

Die Nummer eins der Bio-Dünger ist **Kompost**. Verrottet aus Garten- und Küchenabfällen stecken in ihm alle Nährstoffe, die die kompostierten Pflanzen den Beeten entzogen haben. Düngt man mit dieser dunklen Erde, entsteht ein natürlicher Kreislauf, bei dem der Nährstoff-Pegel im Boden in etwa gleich bleibt. Nach einem Jahr Reifezeit ist Kompost so weit, dass er den Boden mit viel Leben und Nahrung versorgt. Man bringt ihn in etwa 2-cm-Schichten aus, die man oberflächlich in die Beete harkt. Diese Arbeit nimmt man sich im Frühling vor, dann gehen die kleinen Helfer sofort ans Werk. Manche Kulturen, etwa Erbsen und Bohnen vertragen es besser, wenn die Beete bereits im Herbst mit Kompost versorgt wurden. Dann schickt man diese mit Mulch bedeckt in den Winter.

Auf mit Kompost versorgten Böden findet Gemüse alles, was es braucht. Extra Nährstoffe gibt es ab und an mit dem Gießwasser.

Bitte stets nachfüllen

Stickstoff lässt Triebe und Blätter wachsen. Zu viel Stickstoff aber macht das Gewebe schwammig, die Pflanze anfällig für Krankheiten.
Phosphor brauchen Pflanzen, um zu blühen und zu fruchten. In humosen Böden geht Phosphor nie aus, oft sind Hausgärten damit sogar überversorgt.
Kalium festigt das Pflanzengewebe, ist an der Wurzel- und Knollenbildung beteiligt. Kompost enthält meist ausreichend Kalium, wie die meisten Gartenböden.
Kalk verwöhnt das Bodenleben. Die Pflanzen verbauen Kalzium in allen Zellen. Mangel gleicht Algenkalk oder Gesteinsmehl aus.
Spurenelemente braucht die Pflanze in geringen Mengen, sie sind in Kompost und Steinmehl enthalten. **Magnesium** und **Eisen** helfen, Blattgrün zu bilden.
Kupfer ist Bestandteil mancher Enzyme und **Molybdän** regelt den Stickstoff-Umsatz. Wer mehr über den Nährstoffgehalt seiner Beete wissen möchte, lässt eine **Bodenprobe** im Speziallabor testen.

Zwiebeln wachsen am liebsten auf Beeten, die im Herbst des Vorjahres mit Kompost versorgt wurden. Die Krönung: eine Prise Steinmehl im Frühling.

Zusätzliche Nahrung brauchen Pflanzen auf humusarmen Böden oder stark zehrende Gewächse wie Kohl, Tomaten, Gurken, Sellerie oder Kartoffeln. Man kann einen Kompost aus Gartenabfällen und dem Mist von Hühnern oder Hasen ansetzen, der eine Extra-Portion Stickstoff und auch viel Phosphor enthält. Hornspäne bringen ebenfalls viel Kraft in die hauseigene Mischung.
Für die Sonderwünsche von Hortensien oder von Moorbeetpflanzen wie Azaleen verrotten Laub, Rinde und Fichtennadeln zu einem kalkarmen, säurereichen Kompost.

Gehaltvolle Jauche

Auch **Pflanzenjauche** eignet sich bestens dafür, Tomaten oder Gurken kräftige Wachstumsschübe zu ermöglichen. Der flüssige Naturdünger strotzt vor Stickstoff und Kalium, welche die Wurzeln rasch aufnehmen können. Am beliebtesten ist Brennnesseljauche. Dazu gibt man das frische Kraut in ein Kunststoff-Fass und füllt mit Regenwasser auf. An einen sonnigen Platz gestellt und täglich einmal umgerührt ist die Jauche fertig, wenn sie sich dunkel verfärbt und nicht mehr schäumt. Man gießt den Dünger alle 14 Tage an trüben Tagen direkt auf die feuchte Erde. Wer die Jauche mit doppelt so viel Regenwasser verdünnt, erhält einen milden Dünger, den man stark zehrenden Kulturen auch wöchentlich verabreichen kann (noch mehr Jauche-Rezepte auf Seite 96).

Balkonblumen und Kübelpflanzen sind mit ihrem begrenzten Wurzelraum nicht nur darauf angewiesen, dass die Erde aus gleichen Teilen reifem Kompost, Lehm und Sand zusammengestellt wurde. Auch der Dünger muss so auf Topfpflanzen abgestimmt sein, dass er den eingeengten Wurzeln nicht schadet. Auf Nummer sicher gehen Gärtner mit käuflichem **organischem Volldünger**, die oft aus Zuckerrüben- oder Traubenresten bestehen. Diese pflanzlichen Konzentrate verfügen über alle wichtigen Nährstoffe in bewährter Zusammensetzung und werden alle zwei Wochen ins Gießwasser gemischt.
Mit **Steinmehl** regt man die Tätigkeit der Kleinlebewesen an, ohne dass der feine Staub ein Dünger im eigentlichen Sinne wäre. Seine winzigen, mineralischen Plättchen verwenden die Organismen, um die Humusschicht aufzubauen und zu kitten. Dennoch ist Steinmehl wie Urgesteins- oder Lavamehl reich an Spurenelementen aller Art, die portionsweise freigesetzt werden. Mit Steinmehl versorgte Böden halten das Wasser besser. Man streut ein paar Handvoll Staub über den Kompost, ins Jauchefass oder direkt auf den Boden.
Biogärtner setzen beim Düngen auch auf die Mitarbeit von lebenden Pflanzen. Sät man **Gründüngung** auf die Beete, schützt der dichte Teppich den Boden nicht nur vor Verdunstung. Das ausgedehnte Wurzelwerk lockert und durchlüftet ihn auch und reichert ihn mit organischer Masse an. Manche dieser Wurzeln lösen Nährstoffe aus tiefen Bodenschichten. Hülsenfrüchte wie Klee, Wicke und Lupine sind sogar in der Lage, Stickstoff aus der Luft zu filtern und in ihren Wurzeln zu speichern. Deshalb reißt man die Wurzeln nicht aus. Beliebte Gründünger sind auch Bienenfreund, Ölrettich oder Weißer Senf.

Düngefahrplan für den Biogarten

Kultur	März	April	Mai	Juni	Juli	August	September	Oktober	November
Salat	Kompost		Brennnesseljauche	Brennnesseljauche	Brennnesseljauche		Gründünger	Gründünger	Gründünger
Möhren	Kompost	Steinmehl	Mulch	Brennnesseljauche, Mulch	Mulch	Mulch	Gründünger	Gründünger	Gründünger
Zwiebeln		Steinmehl					Mulch	Kompost, Mulch	Mulch
Kohlrabi	Kompost	Steinmehl	Brennnesseljauche, Mulch	Brennnesseljauche, Mulch	Brennnesseljauche, Mulch	Mulch	Gründünger	Gründünger	Gründünger
Kopfkohl	Kompost		Brennnesseljauche, Steinmehl	Brennnesseljauche, Mulch	Brennnesseljauche, Mulch	Brennnesseljauche, Mulch	Mulch	Gründünger	Gründünger
Tomaten	Kompost	Steinmehl	Kompost, Brennnesseljauche	Brennnesseljauche, Mulch	Brennnesseljauche, Mulch	Brennnesseljauche, Mulch	Brennnesseljauche, Mulch	Gründünger	Gründünger
Gurken und Zucchini	Kompost, Mulch	Kompost, Mulch	Kompost, Mulch	Brennnesseljauche, Mulch	Brennnesseljauche, Mulch	Brennnesseljauche, Mulch	Brennnesseljauche, Mulch	Gründünger	Gründünger
Kartoffeln	Kompost		Kompost, Steinmehl	Mulch	Mulch	Mulch	Mulch	Gründünger	Gründünger
Bohnen und Erbsen		Steinmehl		Mulch	Mulch	Mulch	Mulch	Kompost, Mulch	Mulch
Kräuter	Kompost	Steinmehl							
Erdbeeren (Pflanzzeit: August)		Kompost, Brennnesseljauche	Mulch	Kompost, Brennnesseljauche		Kompost, Brennnesseljauche	Mulch	Mulch	Mulch
Johannisbeeren	Kompost, Steinmehl		Brennnesseljauche, Mulch	Mulch	Brennnesseljauche, Mulch	Mulch	Mulch	Kompost, Mulch	Mulch
Apfel	Kompost, Brennnesseljauche	Brennnesseljauche	Gründünger	Gründünger	Gründünger	Gründünger	Gründünger	Steinmehl, Mulch	Mulch
Prachtstauden	Steinmehl	Kompost	Brennnesseljauche	Mulch	Brennnesseljauche, Mulch	Mulch	Mulch	Mulch	Mulch
Einjährige Sommerblumen	Steinmehl			Brennnesseljauche				Kompost, Mulch	Mulch
Kübelpflanzen		Kompost	Flüssiger Volldünger	Flüssiger Volldünger	Flüssiger Volldünger	Flüssiger Volldünger			
Zwiebelblumen	Kompost	Brennnesseljauche	Brennnesseljauche, Steinmehl						
Rosen	Kompost	Steinmehl			Brennnesseljauche	Brennnesseljauche			
Hecken und Sträucher	Kompost	Mulch	Mulch	Mulch	Mulch	Mulch	Mulch	Mulch	Kompost

Kompost: Steinmehl: Brennnesseljauche: Flüssiger Volldünger: Gründünger: Mulch:

Frischer Salat von Januar bis Dezember

Ob Kopfsalat, Endivien oder Chinakohl: Salate schmecken immer. Wer seine Beete geschickt bepflanzt, kann rund ums Jahr knackiges Grün ernten.

Sich das ganze Jahr selbst zu versorgen und unabhängig zu sein von Super- oder Wochenmarkt – das gelingt am einfachsten mit Salat. Der ist unkompliziert und liefert jederzeit einen Korb voller vitaminreicher Blätter oder einen sonnenwarmen Salatkopf. Außerdem: Frisch vom Beet sind Salate im Vollbesitz ihrer Aromen und Vitamine. So schmecken sie am besten und sind besonders gesund.

Salate für die Ernte in Sommer und Herbst anzupflanzen, ist spielend leicht. Sind die Aussaatzeiten und Salatsorten geschickt gestaffelt, stehen jede Woche mehrere Portionen Blattwerk auf dem Speiseplan. Damit das klappt, sollte man immer im Hinterkopf behalten, dass viele Salate schossen, wenn im Sommer die Tage lang werden. Das heißt, aus eng gepackten Köpfen oder Blattrosetten streben innerhalb weniger Tage Blütenstängel in die Höhe. Die zarten Blätter werden bitter und zäh.

Von allen Salatarten, besonders von den Schwestern der Endivie, gibt es heute Züchtungen, die weniger empfindlich auf die Tageslänge reagieren. Mit ihnen verlängert sich die Anbauzeit deutlich.

Wichtig ist es, Sorten auszuwählen, die an die jeweilige Jahreszeit angepasst sind. Frühsorten vertragen Kälte gut, aber keine langen Tage, man pflanzt sie im Frühling oder Herbst. Sommersorten halten dagegen lange sonnige Tage und warmes Wetter gut aus, ohne Blüten zu bilden.

Den Winter mit Selbstgezogenem zu überdauern, gehört bereits zur höheren Gemüsekunst. Ein Frühbeet oder ein ungeheiztes Gewächshaus und ein kühler Lagerkeller leisten dabei gute Dienste.

Säen nach Kalender

Die besten Sorten, Mengen und Saatzeiten findet jeder im Laufe weniger Jahre für sich heraus, hier ein paar Tipps für den Anfang:

- **Von Frühjahr bis Frühsommer** pflanzen Sie alle 2–3 Wochen etwa 10 Kopf bildende Salate und säen Sie 1–3 m Spinat, Asia-Grün oder Babyleaf.
- **Die ersten Salatköpfe** sollten Sie ernten, wenn diese noch sehr jung sind – und zwar jedes zweite Exemplar einer Reihe. So haben die übrigen mehr Platz und Licht zum Wachsen.

Der in Töpfen vorgezogene Salat zieht einzeln ins Beet um, sobald dort ein Platz frei wird.

- **Ältere Salate,** die rasch in die Höhe wachsen, werden sofort geerntet. Sie lassen sich einige Tage im Kühlschrank lagern.
- **Ab Juli** können Sie Herbstsalate aussäen. Ihnen stehen kürzer werdende Tage bevor, sie schossen nicht mehr.
- **Spätestens Anfang September** sollte im Freiland der letzte Samen ausgebracht sein, damit die Salate vor dem Winter noch genügend Zeit zum Wachsen haben. Je früher die Aussaat, desto üppiger die Ernte.
- **Mehr Zeit** haben Sie im Gewächshaus, unter Tunnels und im Frühbeetkasten. Dort lassen sich Feldsalat, Spinat und Löffelkraut noch im September aussäen.

Salat mit Köpfchen

Die Kopf bildenden Salate gehören zur Familie der Korbblütler. Sie sind mit Sonnenblumen und Wegwarten verwandt und stammen vom wilden Lattich ab, der schon bei den Römern beliebt war.

- **Kopfsalat** wächst schnell, und aus eigenem Garten frisch auf den Tisch gebracht, schmecken die Blätter unvergleichlich gut.
- **Eissalat, Krachsalat** besitzt prall gefüllte Zellen und darum leicht knusprige Blätter. Er wächst etwas langsamer als Kopfsalat, wird aber auch schwerer.
- **Batavia-Salat** ist eine Kreuzung aus Eis- und Kopfsalat. Die lockeren Köpfe liefern sowohl knackige als auch aromatisch nussartig schmeckende Blätter. Viele Sorten sind rötlich schattiert.
- **Pflück- oder Schnittsalate** gibt es in unterschiedlichen Typen. Statt geschlossener Köpfe bilden sie Blattrosetten. Man schneidet sie im Ganzen ab oder zupft einzelne Blätter nach Bedarf.
- **Lollo-Sorten** sind beliebte Pflücksalate mit grünen oder roten, stark gekrausten Blättern und nussartigem Aroma.
- **Eichblattsalat** gilt als der dekorativste Pflücksalat. Seine gebuchteten Blätter schmecken gut, machen aber in der Salatschüssel relativ rasch schlapp.
- **Salanova-Salate** sind Sorten, die sich besonders leicht in der Küche verarbeiten lassen, weil alle Blätter etwa gleich groß beziehungsweise klein sind.
- **Römischer, Romana- oder Bindesalat** besitzt feste, bitter-aromatische Blätter und bildet hohe, längliche Köpfe. Alte Sorten wurden zusammengebunden, um sie zu bleichen. Neue wickeln ihre Blätter so dicht, dass ihr Inneres von Haus aus hell und mild bleibt. Mini-Romana-Sorten sind kleiner und bilden sehr zarte Herzblätter.
- **Babyleaf** sind Saatgutmischungen aus Pflück- oder Zichoriensalaten. Sie werden dicht in Reihen ausgesät und ganz jung, schon 6–8 Wochen nach der Aussaat abgeschnitten.

Für alle, die es zartbitter mögen

Die Endivie und andere Zichoriensalate reifen im Herbst. Sie besitzen feste Blätter, die Bitterstoffe und Inulin, eine Zuckerart, enthalten. Diese Stoffe wirken sehr heilsam auf den Magen-Darm-Trakt.
Zichoriensalate gehören ebenfalls zur Familie der Korbblütler und sind wie Kopfsalate nah verwandt mit der Wegwarte. Sie schicken lange Pfahlwurzeln in den Boden und lassen sich deshalb nur als junge Setzlinge gut umpflanzen. Die Pflanzen gelten traditionell als Nachkultur, die frühestens nach der Sonnenwende im Juni gesät wird. Zichorien vertragen einige Grade unter Null, weshalb man sie bis in den Dezember hinein auf dem Beet stehen lassen kann. Im Lagerkeller in Zeitungspapier eingeschlagen halten sie etwa vier Wochen.

- **Endivien** galten früher als reine Herbstsalate, heute gibt es Sorten, die im Frühjahr ausgesät und im Sommer geerntet werden. Diese modernen Züchtungen bilden so dicht gefüllte Köpfe, dass die inneren Blätter von alleine blass und zart bleiben. Früher musste man Endivien noch bleichen, indem man ihre Blätter zusammenband.
- **Radicchio** ist eine italienische Spezialität mit roten Blättern, die genauso bitter wie Chicorée schmecken. Früher erntete man nur im Spätherbst und Winter, heute gibt es auch frühe Sommersorten.
- **Chicorée** ist ein heimischer Wintersalat. Im Spätherbst rodet man die Wurzeln und lagert sie ohne Laub im kalten Keller. Nach Bedarf setzt man die Wurzeln dicht an dicht in Eimer mit feuchtem Sand, bedeckt das ganze lichtdicht mit einer Kiste und treibt die bleichen Knospen bei 12–16 °C an.
- **Löwenzahn** im Rasen kann man im Frühjahr mit dunklen Töpfen bedecken, um die Blätter zu bleichen. Kulturlöwenzahn wird angebaut wie Chicorée.

So gedeiht Salat gut

- An einem sonnigen, luftigen Platz.
- In lockerer, humoser Erde, die nur wenig gedüngt wurde.
- Anfangs mit einem Schutz vor Schnecken, denn die lieben die zarten Blätter.
- Wenn möglichst jeder junge Salat einen neuen Platz im Beet bekommt, an dem zuvor eine Weile kein Salat stand.
- Wenn er in Mischkultur mit Sommerblumen lebt, die Läuse auf Abstand halten.

Romana 'Freckles'

Sommer- und Herbstsalate

Die knackigen Blätter der Romana-Sorten landen ab Juni in der Salatschüssel, die des Pak Choi erst im September.

Romana-Salate halten Sommerhitze weit besser aus als Kopfsalat, sie schossen nicht so schnell. Es gibt sie auch mit roten oder gefleckten Blättern.

Pak Choi wird erst im Juli gesät, jung kann man das Kohlgewächs roh essen.

Mini-Romana braucht nicht viel Platz und reift rasch. Unter seinen dunkelgrünen Blättern wartet ein zartes, nussartig schmeckendes Salatherz.

Pak Choi

Mini Romana

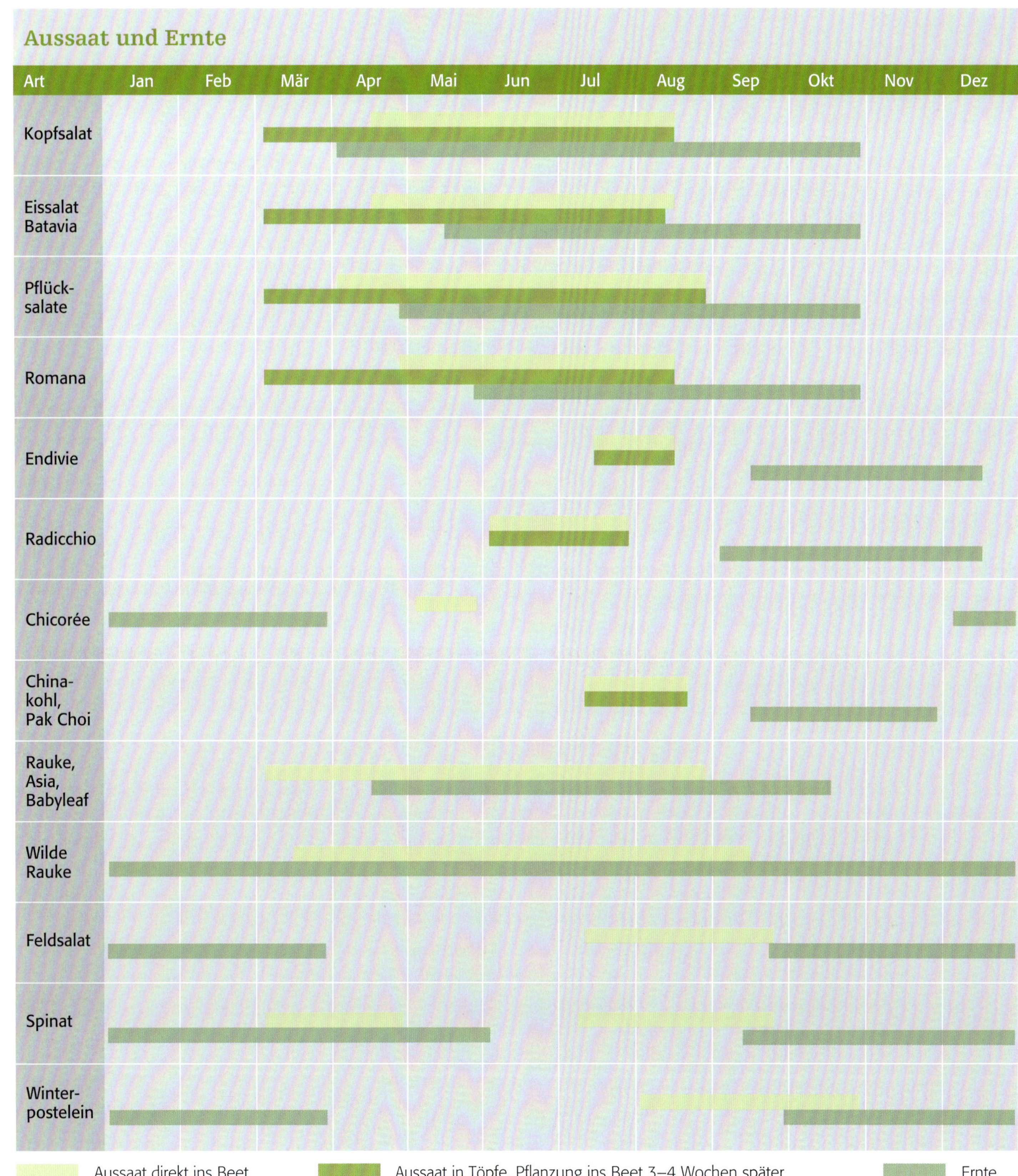
Aussaat und Ernte
Art
Jan
Feb
Mär
Apr
Mai
Jun
Jul
Aug
Sep
Okt
Nov
Dez
Kopfsalat
Eissalat Batavia
Pflück-salate
Romana
Endivie
Radicchio
Chicorée
China-kohl, Pak Choi
Rauke, Asia, Babyleaf
Wilde Rauke
Feldsalat
Spinat
Winter-postelein
Aussaat direkt ins Beet
Aussaat in Töpfe, Pflanzung ins Beet 3–4 Wochen später
Ernte

Kohl roh essen

Durch ihre hohen Gehalte an Vitaminen und Senfölen helfen viele Kohlgewächse unserer Gesundheit auf die Sprünge, aber nur wenige wie Chinakohl sind zart genug, dass sie roh gut schmecken. Alle Mitglieder der Kohlfamilie brauchen einen deutlich nahrhafteren und lehmigeren Boden als die echten Salate.

- Chinakohl ist als knackiger Herbstsalat bekannt, auch sein kleiner Bruder Pak Choi und andere Asia-Gemüse wie Mizuna schmecken roh, solange sie noch sehr jung sind. Ursprünglich säte man die Asiaten nicht vor Mitte Juli aus, weil sie sonst schon im Babystadium Blüten bildeten. Inzwischen gibt es schossfeste Sorten, die man viel früher anbauen kann – mit einigen Frühblühern muss trotzdem gerechnet werden.
- Rauke, Rucola, Senfkohl entfaltet ein herzhaftes nussartiges Aroma und zergeht, ganz jung geerntet, auf der Zunge. Die Aussaat gelingt im Frühling am besten. Während die Kultur-Rauke einjährig ist, übersteht die Wilde Rucola den Winter. Man kann ihre Blätter das ganze Jahr über pflücken.

Wintersalate

Wenige Salate sind gegen Fröste gefeit. Feldsalat, Spinat oder Winterpostelein, das auch Kubaspinat oder Löffelkraut genannt wird, liefern frische Blätter, wenn der Winter mild und schneearm ausfällt.

Wer sich möglichst lange im Jahr aus eigenem Garten versorgen möchte, sollte zusätzlich zu den Pflanzen im Beet im September einige Reihen in ein ungeheiztes Gewächshaus, ins Frühbeet oder unter Folientunnels aussäen.
Alle Blattrosetten, die über Winter nicht geerntet wurden, treiben aus, sobald sich der Frühling ankündigt. Ab März kann man das erste frische Grün genießen. Wer das noch mit Blättern von Löwenzahn, Vogelmiere oder Gänseblümchen ergänzt, übersteht die Zeit, bis im Mai die ersten Salate der neuen Saison reifen.

Aussaat-Tipps

- Babyleaf, Asia-Salate, Spinat, Rucola – alle Arten, die ganz jung geerntet werden, säen Sie in Reihen direkt ins Beet.
- Radicchio, Chicorée und Löwenzahn, alle mit Pfahlwurzeln, wollen von Saat bis Ernte am selben Fleck wachsen und direkt ins Beet gesät werden.
- Salate, die Köpfe bilden, können Sie in Frühbeet, Schalen oder in Töpfen vorziehen, dann besetzen sie den Platz auf den Beeten nicht so lange.
- Viele Salatsamen keimen nur, wenn sie im Hellen liegen. Ob in Beet oder Topf, die Samen werden kaum mit Erde bedeckt, nur angedrückt.
- Damit die Erde nie austrocknet, bedeckt man Aussaatgefäße mit Folie oder stülpt eine Kunststoffhaube darüber.
- Spinat und Salate aus der Kohlfamilie gehen besser im Dunkeln auf. So hoch wie der Samen dick ist, bedeckt man die Samen mit Erde.
- Anstelle oder zusätzlich zur Aussaat kann man junge Pflanzen kaufen. Das hat besonders bei kleinen Stückzahlen Sinn, aber nicht von allen Sorten bekommt man fertige Pflänzchen angeboten.

Asia-Mischungen enthalten die Samen verschiedener Kohlgewächse, deren junge Blätter als Salat schmecken.

Primeln: Klassiker in gelb und bunt

Gärtner lieben Primeln, weil sie zu den wenigen zählen, die schon ab Februar unerschrocken ihre Blüten öffnen. Was nur wenige wissen: Es gibt auch Sommer-Arten.

Die gebuchteten, weichen Blätter sind so gar nicht nach Primelmanier, die fröhlichen Blüten der Siebold-Primel dafür umso mehr.

Ein himmlisches Missgeschick brachte uns, wie es heißt, die erste Primel auf die Erde: Der Heilige Petrus, Pförtner an der Himmelstüre, verlor seinen Schlüsselbund. Der fiel und fiel und landete schließlich mitten auf einer grünen Frühlingswiese. Gleich darauf entspross ihm eine Blume – das **Himmelschlüsselchen** *(Primula elatior)*. Wen erstaunt es, dass die gelbe Schönheit in Märchen und Geschichten eine Rolle als Zauberpflanze spielt? Sie führt angeblich zu verborgenen Schätzen und weder Fels noch verriegelte Türen konnten ihr je widerstehen.

Aber auch die Gartentore öffneten sich recht bald für die Hohe Schlüsselblume, wie das Himmelschlüsselchen ebenfalls genannt wird: Im Jahre 1532 wird die heimische Blume erstmals als Gartengewächs erwähnt. Auwälder und feuchte Wiesen tauschte sie problemlos gegen Gehölzränder und Rasenflächen ein. Es darf ihr dort nur nicht zu heiß und zu trocken werden, dann weckt sie auch im Garten ab März Kindheitserinnerungen an üppige Schlüsselblumen-Wiesen.

Der frühen Blütezeit verdanken das Himmelschlüsselchen und seine zahlreichen Anverwandten ihren wissenschaftlichen Namen: Primula ist die Verkleinerungsform von primus und bedeutet »kleiner Erstling«. Im Freiland beginnt das Primel-Jahr tatsächlich oft schon im Februar. Unbeeindruckt von der Kälte öffnen dann die ersten stängellosen **Kissen-Primeln** *(P. vulgaris)* ihre schwefelgelben Knospen im alten Laub und blinzeln uns aus dottergelben Augen verschmitzt zu. Auch ganz ohne züchterische Veränderung ist die in Deutschland geschützte wilde Blume so groß- und reichblütig, dass sie einen zauberhaften, bisher leider viel zu selten gepflanzten Gartenschatz für naturnahe Ecken abgibt.

Verblüffende Vielfalt

Durch ihre in fast allen Farben leuchtenden Züchtungen ist die Kissen-Primel allerdings auch Nicht-Gärtnern ein Begriff – und gilt als die Primel schlechthin. Die in Treibhäusern gezogene Massenware wandert bereits kurz nach Weihnachten zu Tausen-

den über die Ladentheken, um Terrasse oder Balkon in fast schon tropische Gefilde zu verwandeln. Gefüllt und ungefüllt, mit andersfarbigen gewellten Rändern – den stillen Charme und die Winterhärte ihrer Ahnin haben die Wunderwerke moderner Züchtung jedoch leider verloren.
Aber wer sich ein bisschen umsieht im großen Primelland, trifft bald auf die entzückenden Schwestern der Kissen-Primel, von denen jede ihre eigenen Reize besitzt.

- **Für normale, durchlässig-lockere Gartenböden sehr zu empfehlen:**
  Aurikel *(P. auricula* und *P. × pubescens)*: Lichter Schatten oder zumindest keine heiße Mittagssonne und ein lockerer, kalkhaltiger Boden – so lieben es die ehemaligen Bergbewohner. Dass sie sich beim Wachsen allmählich aus dem Boden schieben, entspricht ihrer Natur. Schneiden Sie den Haupttrieb einfach ab, dann entwickeln sich Nebentriebe und die Pflanze sieht wieder genauso hübsch aus wie zuvor. Und fragen Sie beim Kauf unbedingt nach den robusten Gartensorten, verfrorene Topf-Aurikeln halten der Beet-Realität nicht lange Stand. Blütezeit im April und Mai.
  Garten-Teppich-Primel *(P. × pruhoniciana)*: Runzeliges, wintergrünes Laub und Blüten in bunten Farben – das ist typisch für die kleine Bauerngarten-Blume, die 1918 als Kreuzung zwischen Kissen- und Teppich-Primel entstand. Wer will, kann sie vorsichtig teilen und die reichblühenden Polster als Beeteinfassung à la Großmutter verwenden. Blütezeit von März bis April.

Etagen-Primel

- **Auf humusreichen, frischen Standorten ein voller Erfolg:**
  Etagen-Primeln tragen Blüten am langen Stiel und in mehreren Etagen von Mai bis Juli. Auf nährstoffreichem Boden, der weder trocken noch staunass und möglichst kalkarm ist, sind alle drei Arten sehr zu empfehlen: *P. × beesiana* mit purpurvioletten, orange geäugten Blüten, die duftende *P. bulleyana* in Orangegelb und die rosa, purpur oder weiß blühende *P. japonica*, die sich an passenden Stellen gerne selbst aussät.
  Hohe Schlüsselblume *(P. elatior)*: Wer von der eigenen Schlüsselblumen-Wiese träumt, für den ist diese heimische Primel goldrichtig. Es gibt übrigens auch robuste Gartensorten, die noch aus viktorianischer Zeit stammen – so wie 'Gold Lace Black', eine dunkle Schönheit mit gelbem Blütenrand und gelbem Auge. Blütezeit von März bis April.
  Kugel-Primel *(P. denticulata)*: Der rund 30 cm hohe Einwanderer aus Asien mit Blütenkugeln in Weiß, Rosa oder Purpurviolett, zählt zu den treuesten Frühlingsblühern überhaupt. Weil er saure Böden liebt, passt er wunderbar zu früh blühenden Rhododendren, macht sich aber auch gut in Wildstauden-Pflanzungen und auf den Blumenrabatten. Blütezeit im März und April.
- **Für feuchte Erde bestens geeignet:**
  Glocken-Primel *(P. florindae)*: Duftende, zitronengelbe, hängende Glöckchen an sehr schlanken, 50 cm hohen Blütenstängeln sind ihr Markenzeichen. Für kräftige Horste braucht sie allerdings ordentliche Düngergaben. Blütezeit von Juni bis August.
  Rosen-Primel *(P. rosea)*: Schon früh im Jahr sorgt sie am Teichrand oder an anderen sehr feuchten Gartenplätzen für

Farbe und wo es ihr gefällt, sät sie sich von alleine aus. Blütezeit März und April.
Siebold-Primel *(P. sieboldii)*: Feuchte Füße und ein kalkarmer Boden – so liebt es die Blume mit weißen oder weinroten Blüten und gebuchteten, weichen, gar nicht primeltypischen Blättern. Wer Lust auf gefranste Blüten hat, die neuen Sorten aus Japan machen's möglich. Sie erscheinen ab Mai.

Die Welt der Primeln

In allen gemäßigten nördlichen Zonen der Erde sind Primeln zu Hause und haben sich mit rund 500 Arten den unterschiedlichsten Lebensbedingungen angepasst. »Wer anfängt, sich mit ihnen zu befassen, kommt an kein Ende«, seufzte einst die leidenschaftliche Gärtnerin Vita Sackville-West, um dann begeistert hinzuzufügen: »Was für eine wunderbare und vielseitige Familie!« Und tatsächlich: Rund 125 verschiedene Primel-Arten befinden sich heutzutage in gärtnerischer Kultur – einige bereits seit dem Mittelalter. Als Naturkundler und Pflanzenjäger später immer weiter um den Globus reisten, entdeckten sie neue Mitglieder der Gattung Primula: auf feuchten Wiesen im Südosten Tibets die **Glocken-Primel** *(P. florindae)*, an grasigen Hängen Afghanistans – in Höhen von 1500–4000 m die **Kugel-Primel** *(P. denticulata)* und in der Nähe der japanischen Stadt Hakodate die **Japan-Primel** *(P. japonica)*. Die Hälfte aller Entdeckungen stammt jedoch aus China – so wie die **Becher-Primel** *(P. obconica)*, gesammelt in den Schluchten des Yangtse, und die **Flieder-Primel** *(P. malacoides)*, ein Unkraut von den Reisfeldern im westlichen Yunnan.
Es ist, als wetteiferten die Primeln in Sachen Extrem-Standort um einen Eintrag ins Guinness-Buch der Rekorde. Deshalb sind sie nicht alle leicht zu kultivieren: Manche gedeihen auf Grund ihrer speziellen Ansprüche hauptsächlich in der Obhut von Liebhabern und in Botanischen Gärten, andere – wie Flieder- und Becherprimel – ziehen in unseren Breiten einen Platz im Zimmer vor.
Nicht so die **Karnevals-Primel** *(P. vulgaris* subsp. *sibthorpii)* mit Blüten in Purpurrosa und Rot. Sie kam im 17. Jahrhundert aus türkischen Gärten zu uns und blüht – im Schutz von Gehölzen – bereits ab Februar. Übrigens: Die roten und blauen Farbtöne haben die viel gekauften Treibhaus-Hybriden ihr zu verdanken.
Im Jahre 1900 fand Julia, die Tochter eines aus Warschau stammenden Forstbeamten, die **Teppich-Primel** an den Hängen des östlichen Kaukasus, im heutigen Georgien. Man gab der neuen Art den Vornamen ihrer Entdeckerin – *Primula juliae*. Auf dem Lande wurde die niedliche Primel jahrzehntelang heiß geliebt, heute ist sie fast vergessen. Schade, denn in kalkhaltigem Lehmboden hält sie Generationen lang aus und blüht so stark, dass ihre Blätter fast unter der dunkelvioletten Pracht verschwinden.
Viele Primeln kreuzen sich, wo immer sie aufeinandertreffen. Das hat schon in der freien Natur zahlreiche Kinder hervorgebracht, ganz zu schweigen vom Farben- und Formenreichtum, den die Züchter den Frühaufstehern entlocken. Aber auch im Garten vermischen sie sich munter weiter – etwa Hohe Schlüsselblumen mit Teppich-Primeln – und bringen dabei genauso Sämlinge mit verwaschener »Unfarbe« hervor wie Abkömmlinge in zauberhaften Pastell-Tönen.

Kugel-Primel

Glocken-Primel

Karnevals-Primel

OPINEL
INOX
OPINEL

Teilen hält jung

Wenn bei Stauden die Kräfte schwinden, verhilft ein bewährter Gärtnertrick zu neuer Blütenfülle: alte Wurzelstöcke durchtrennen und die Teilstücke wieder einpflanzen.

Manche Beetstauden wie Astern und Iris wachsen immer weiter in die Breite, verkahlen aber irgendwann von innen heraus. Sie zeigen dadurch sehr deutlich, dass sie verjüngt, geteilt und in neue Erde eingepflanzt werden möchten. Andere Arten wie Indianernessel und Sonnenhut blühen über ihre Verhältnisse: Sie verausgaben sich im Laufe weniger Jahre und brauchen dann neue Energie. Nach einer Teilung schöpfen auch diese Pflanzen wieder Kraft.
Einen Wurzelstock auszugraben und zu teilen ist außerdem die einfachste Art, Stauden zu vermehren. Das klappt hervorragend bei Bodendeckern und bei allen Arten, die horstartig wachsen, die also mit vielen Stängeln aus der Erde sprießen.

Trennungs-Tipps

- Ballen von **flach wurzelnden Stauden** wie Eisenhut oder Storchschnabel lassen sich relativ einfach mit den Händen auseinanderzerren.
- **Große, verfilzte oder verholzte Wurzelballen** wie die von Frauenmantel, Astern, Phlox oder Funkien werden mit einem Spaten zerteilt werden.
- **Teppichstauden und Bodendecker** kann man ausgraben, mit den Händen in kleine Büschel reißen und gleich wieder einsetzen.
- Jedes Teilstück, das wieder eingepflanzt werden soll, braucht gesunde Wurzeln und Triebknospen.
- Entfernen Sie abgestorbene Blätter und Wurzeln. Über sie könnten Krankheitserreger an die Pflanzen gelangen.
- Ziehen Sie möglichst alle Unkrautwurzeln aus den Wurzelballen der Teilstücke heraus.
- Je mehr Erde beim Teilen an den Wurzeln hängen bleibt, desto schneller wachsen die Stauden wieder an.
- Die Erde an der neuen Pflanzstelle verbessern Sie mit Kompost und/oder organischem Dauerdünger.
- Pflanzen Sie nur die Teilstücke wieder ein, die aus dem jüngeren Rand der alten Staude stammen. Sie sind viel wüchsiger als Teilstücke aus der älteren Mitte der Staude.

Wann Stauden teilen und umpflanzen?

- Wenn sie Nachbarpflanzen bedrängen.
- Wenn Sie von innen heraus verkahlen.
- Wenn ihre Blühfreude nachlässt.
- Wenn die Wurzeln verfilzt sind.
- Wenn Wildkräuter hineingewachsen sind.

Kleine Staudenhorste lassen sich leicht mit einem Gärtnermesser trennen. Der grobe Spaten würde womöglich die wenigen Triebknospen verletzten.

Stauden teilen zur richtigen Zeit

Staude	Teilung nach	März/April	Sept.–Nov.	Bemerkungen
Astilbe	Bedarf	■ ■	■	langlebig, auch ohne Verjüngung blühfreudig
Bergenie	Bedarf	■ ■	■	langlebig, auch ohne Verjüngung blühfreudig
Brennende Liebe	3–5 Jahren	■	■	verholzter Wurzelstock, mit Spaten teilen
Christrose	Bedarf	■	■ ■	langlebig, auch ohne Verjüngung blühfreudig
Ehrenpreis	5–10 Jahren	■	■	Teilung gelingt sehr leicht
Eisenhut	5–10 Jahren	■ ■	■	Handschuhe anziehen, Staude ist giftig
Elfenblume	Bedarf	■	■ ■	langlebig, auch ohne Verjüngung blühfreudig
Fetthennen	Bedarf	■	■	Bodendecker, Triebe wurzeln leicht an
Frühlingsmargerite	3–5 Jahren	■	■ ■	Teilung auch nach Blüte im Frühsommer möglich
Funkie	Bedarf	■	■	langlebig, auch ohne Verjüngung blühfreudig
Gedenkemein	Bedarf	■	■ ■	blüht ohne Verjüngung, auch nach Blüte zu teilen
Gemswurz	3–5 Jahren	■	■ ■	mit Messer teilen, auch gleich nach Blüte möglich
Glattblattaster	5–10 Jahren	■ ■	■	mit Händen auseinanderziehen, geht sehr leicht
Glockenblumen	5–10 Jahren	■	■	mit Messer oder Spaten teilen, gelingt leicht
Herbstanemone	Bedarf	■ ■		nur selten verpflanzen, langlebig ohne Verjüngung
Indianernessel	3–8 Jahren	■ ■		wie schnell sie vergreist, ist abhängig von Sorte
Katzenminze	3–5 Jahren	■	■	verholzter Wurzelstock, mit Spaten teilen
Katzenpfötchen	5–10 Jahren	■	■	Bodendecker, wurzelt auch im Sommer leicht an
Lampionblume	Bedarf	■	■	langlebig, blühfreudig, Teilung geht aber leicht
Raublatt-Aster, Berg-Aster	5–10 Jahren	■ ■	■	verholzter Wurzelstock, mit Spaten teilen
Rittersporn	5–10 Jahren	■	■	verholzter Wurzelstock, mit Spaten teilen
Schafgarbe	3–5 Jahren	■	■	mit Hand oder Messer teilen, geht sehr leicht
Sommer-Phlox	5–10 Jahren	■ ■	■	verholzter Wurzelstock, mit Spaten teilen
Sonnenbraut	10–15 Jahren	■	■	mit Hand oder Messer, geht sehr leicht
Taglilie	10–15 Jahren	■	■	verholzter Wurzelstock, mit Spaten teilen
Vergissmeinnicht	Bedarf	■	■ ■	langlebig, auch ohne Verjüngung blühfreudig
Waldgeißbart	Bedarf	■	■	langlebig, auch ohne Verjüngung blühfreudig
Wollziest	10–15 Jahren	■	■	am besten mit Messer oder Spaten teilen

■ = guter Zeitpunkt ■ ■ = optimaler Zeitpunkt

Verjüngen Schritt für Schritt

Ein treffsicherer Spatenhieb von Zeit zu Zeit kann bei alternden Stauden die Lebensgeister wieder wecken. Achten Sie darauf, dass jedes Teilstück genügend gesunde Wurzeln und Triebknospen besitzt.

1 Den Wurzelstock mit dem Spaten oder der Grabegabel ausheben. Den Ballen zerteilen. Bei der Taglilie braucht man dazu einen scharf geschliffenen Spaten. Ihre Wurzeln sind oft sehr verfilzt und teilweise fingerdick.

2 Die Wurzeln der Teilstücke etwas einkürzen, sie dürfen beim Einpflanzen nicht nach oben gebogen werden. Die Teilstücke sollen nur faustgroß sein. Wenn Sie die Pflanzen im Herbst teilen, schneiden Sie auch das Laub um zwei Drittel zurück.

3 Nach dem Einpflanzen gründlich gießen, damit die Wurzeln schnell Kontakt zum Erdreich haben und Nährstoffe aufnehmen können. Denn obwohl das Teilen einer Verjüngungskur gleichkommt: Die Prozedur selbst ist für die Pflanzen ein Schock, von der sie sich erst erholen müssen.

Eine Mauer aus Stein und Blumen

Trockenmauern halten mindestens so lange wie Mörtel-Wände. Aber wo Stein auf Stein liegt, bleibt in den Ritzen genügend Platz für Pflanzen und Tiere.

Trockenmauern überwinden Höhenunterschiede, trennen Gartenräume oder rahmen das Grundstück ein. Und Tiere wie Eidechsen und Spinnen, aber auch Katzen lieben die Wärme sonnenbeschienener Steine.

Seit Jahrhunderten bauen Menschen Mauern aus Findlingen, Feldsteinen oder Flusskieseln, um ihre wärmende Abstrahlung zu nutzen. Sie stützen mit den Bauwerken Hänge ab und terrassieren sie. Oder sie ziehen damit Grenzen um Haus und Hof.

Im Garten bieten Trockenmauern viel Platz für Kräuter, Wildblumen und üppig blühende Stauden. Die aufgeschichteten Steine geben Böschungen Halt und unterteilen große Flächen in gemütliche Gartenzimmer. Weil die Steine passgenau aufeinandergeschichtet werden, halten die Mauern ohne Mörtel oder andere Bindemittel. Allein das Gewicht der Steine macht die Bauwerke stabil und standfest.

Für den Bau der Trockenmauer eignen sich Natursteine ebenso wie behauene Pflastersteine oder Ziegel. Am natürlichsten fügen sich Steine aus der Region in den Garten ein. Ihre Farbe harmoniert mit dem Boden und der umgebenden Landschaft, und sie erfüllen die Ansprüche der heimischen Wildpflanzen. Weil sie aus nahen Steinbrüchen stammen, sind sie preiswerter als solche, die lange Transportwege hinter sich haben. Und weil ihre Herkunft bekannt ist, unterstützt man durch den Kauf nicht die harten Arbeitsbedingungen, die in vielen fernöstlichen Steinbrüchen herrschen. Welchen Stein man wählt, bleibt dem eigenen Geschmack überlassen.

- Am stabilsten und dauerhaftesten ist **Granit**, der mit seinen schwarzweißen Sprenkeln oft kühl und streng wirkt.
- Für mediterrane Sandfarbe im Garten sorgt **Jurakalkstein**, der manchmal frostempfindlich ist.
- **Muschelkalkstein** beherrscht die ganze Palette der Sand-, Ocker- und Orangetöne und wirkt mit schwarzen Adern durchzogen sehr natürlich.
- Auch **Buntsandstein** versteht sich auf warme Farben, besonders auf Rottöne. Sandstein bleibt nur stabil, wenn er so verbaut wird, wie er gewachsen ist.

Egal, für welche Art Sie sich entscheiden – richtig natürlich wirkt eine Mauer meist erst nach ein paar Jahren. Dann hat die Zeit eine weiche Patina über die Brocken und Platten gehaucht.

So bauen Sie eine Trockenmauer

Mit etwas Geschick und kräftigen Helfern können Sie eine Mauer bis zu einem Meter Höhe auf eigene Faust errichten. Größere Vorhaben bedürfen fachmännischer Unterstützung, andernfalls sind die Stabilität der Mauer und Ihre Sicherheit in Gefahr. Obendrein spart professionelle Hilfe Zeit: Ein Bagger gräbt binnen kurzer Zeit einen Hang ab und eine Hebebühne befördert spielend große Steine in die Höhe.

Das brauchen Sie

- Suchen Sie Steine aus, die zusammenpassen. Das können Quader, unförmige Brocken oder Platten sein.
- Pro Laufmeter Mauer muss man mit mindestens einer Tonne Steine rechnen, wobei auch die Bindersteine und die große Mauerstärke zum Fuß hin eine gewichtige Rolle spielen.
- Schotter, Sand und lehmige Erde sollte man ebenso bereithalten wie Schaufel, Hammer und Maßband.

Schräg ist stabiler

Jede Trockenmauer, die eine Böschung stützt oder sich an einen Hang lehnt, muss um etwa 10 % geneigt sein, damit sie den Druck von Erde und Wasser aushält. Auf einen Meter Höhe verschiebt sie sich mit 10–16 cm Versatz zum Sockel.
Um diesen Versatz zu erzielen, ist es hilfreich, vor dem Mauerbau parallel zum Hang ein Schnurgerüst zu spannen, das sowohl die Schräge als auch die Höhe der einzelnen Reihen vorgibt. Das ist vor allem bei gerade verlaufenden Mauern wichtig. Für den Bau von geschwungenen Trockenmauern genügt hingegen meistens ein gutes Augenmaß.

Reihe für Reihe aufwärts

Die Kunst beim Errichten einer Trockenmauer besteht darin, die richtigen Steine auszuwählen und so zu kombinieren, dass ein stabiles Bauwerk entsteht. Schließlich soll die Mauer den Hang stützen, nicht umgekehrt.

1 Für das Fundament heben Sie den Boden etwa 30 cm tief aus und füllen den Graben mit Schotter, den Sie gut verdichten. Die Mauerstärke beträgt am Fuß mindestens ein Drittel der Mauerhöhe.

2 Gefrierendes Wasser hinter der Mauer kann diese im Winter sprengen. Ein Dränagerohr hinter der ersten Steinschicht lässt Regenwasser rasch abfließen. Es wird am Mauerfuß im Kiesbett verlegt und ist später unsichtbar.

3 Im unteren Bereich verwenden Sie nur die größten Steine. Etwa ein Viertel der Sockelsteine sind Bindersteine, die über die ganze Mauerdicke reichen. Nach jeder Reihe füllen Sie hinter die Mauer Schotter, den Sie lagenweise verdichten.

4 Wackligen Steinen legt man schmale Steinkeile unter. Jeder Stein ist anders und nicht immer wird alles nahtlos passen. Für eine gute Stabilität lässt man lieber ein paar wenige größere Lücken zu und hält den Rest der Fugen möglichst klein.

Der Trick mit der Fuge

Ein wenig Improvisationstalent und Muße müssen schon sein, damit eine Trockenmauer gelingt. Weil Steine mehrere Gesichter haben, sollte man sie von allen Seiten betrachten, bevor man sie einbaut.

Bei unterschiedlich großen Steinen bilden zwei flache Steine übereinandergelegt den Nachbarn zu einem hohen Stein. Die Steine halten ohne Mörtel. Ein Sand-Lehm-Gemisch zwischen den Fugen hilft, dass sich Pflanzen schnell ansiedeln.

Setzen Sie die Steine immer versetzt aufeinander – einen Stein auf zwei, zwei Steine auf einen. Kreuzförmige Fugen sehen nicht nur unharmonisch aus, sondern gefährden die Stabilität.

Auf freiem Feld

Eine freistehende Trockenmauer besteht aus zwei Mauern, die parallel zueinander verlaufen. Wie die Schenkel eines A neigen sich die beiden gegeneinander und verleihen dem Bauwerk Halt. Die Mitte füllt man mit Mutterboden auf. Der Erdkern stützt die Steine zusätzlich und wird bald durchwurzelt. Freistehende Trockenmauern sollten maximal 80 cm hoch sein, damit sie unter ihrem eigenen Gewicht nicht zusammenbrechen.

Die Natur steht Pate

Wie auf einem Geröllfeld oder in einer steilen Bergwand ist in den Fugen der Trockenmauer die Erde knapp und mager. Das Regenwasser fließt rasch ab oder verdunstet über dem sonnenwarmen Gestein. Vor allem Kräuter aus dem Mittelmeerraum wie Salbei, Thymian, Rosmarin oder Bohnenkraut lieben die trockenen Plätze zwischen den Steinritzen oder auf der Mauerkrone. Anders als im oft nassen, nährstoffreichen Gartenboden bilden diese Pflanzen auf der Trockenmauer feste, widerstandsfähige Triebe und überstehen den Winter meist besser als im Beet.

Selbst ist das Grün

Natürlich kann man es auch der Natur überlassen, die Mauer zu begrünen. Nicht nur Flechten und Moose nehmen die Steine mit der Zeit ein. Auch Zimbelkraut, Gundermann und Mauerraute kommen von selbst und lassen das Bauwerk mit der Umgebung verschmelzen. Zudem erobern andere Pflanzen, die auf Schotter und Kies zu Hause sind, die trockenen Ritzenplätze: Natternkopf, Leimkraut oder Kartäusernelke bevorzugen magere Standorte. Am Mauerfuß machen es sich gerne Akeleien oder Nachtkerzen bequem.

Hilfe für die Kleinsten

Damit kleine und sonnenhungrige Pflanzen Dauergäste auf der Trockenmauer bleiben, entfernt man regelmäßig Quecken und Gräser. Wer Verblühtes und Samenstände kappt, lässt die Pflanzen neue Kraft schöpfen und vermindert den Schattenwurf. Schneiden Sie spätestens im Vorfrühling alle Pflanzen bis auf wenige Zentimeter Höhe zurück.

Ein Heim für Tiere

Trockenmauern erwärmen sich rasch mit den ersten Sonnenstrahlen, und sie bieten viele Schlupfwinkel: Was wollen Tiere mehr? Vor allem Reptilien wie Eidechsen, Blindschleichen und Schlangen lieben das felsige Terrain, gegen das Blumenbeete und Rasenflächen keine Chance haben. Die Blüten der Fugenpflanzen ziehen Bienen, Hummeln und zahlreiche andere Insekten an.

Damit sich die Bewohner bei Gefahr rasch verkriechen können und bequeme Schlafplätze finden, sollte die Mauer genügend Spalten haben. Sind die Fugen tief genug und mit lockerem Gestein hinterfüllt, überwintern viele Tiere sogar darin.

Pflanzen eignen sich als zusätzliche Verstecke, sollten die Mauer aber möglichst nicht über die Maßen beschatten. Wer den Boden am Mauerfuß mit etwas Sand abmagert verhindert, dass sich dort zu hohe Gewächse breitmachen. Ein lockerer Bewuchs um die Trockenmauer herum gibt den Tieren so viel Deckung, dass der Weg nach Hause sicher ist.

Leben extrem

Blumen, die zwischen Steinen wurzeln, sind an Extreme gewöhnt: Am Felshang pfeift der Wind, peitscht der Regen oder brennt die Sonne. Mit dicken oder kleinen graugrünen Blättern wappnen sich die Pflanzen für ein Leben unter starken Temperaturschwankungen. Außerdem bewahrt diese Taktik sie davor, zu viel Wasser zu verdunsten. Sogar der Schattenseite einer Steinmauer sind allerlei Blümchen gewachsen. Sie lieben kühlen Stein, feuchte Fugen und Moose als Nachbarn.

Eine Trockenmauer erweitert den Lebensraum für Pflanzen und Tier in die Vertikale – in der Sonne wie im Schatten.

Leben am Fels

1 **Glockenblume:** Ihr Reich sind humusarme Plätze, die gerne sehr sonnig und trocken sein dürfen. Dort treibt die Teppich-Glockenblume *(Campanula portenschlagiana)* von Juni bis September so viele Blüten, dass man kaum noch ihre Blätter sieht.

2 **Grasnelke:** Auch die Grasnelke *(Armeria maritima)* liebt es spartanisch. Trocken und heiß darf es sein und der Boden möglichst mager. Dann blüht die kleine Blume mit den grasähnlichen Blättern und kugeligen Blütenköpfen von Mai bis Juli – je nach Sorte in Rosa oder Weiß.

3 **Goldtröpfchen:** Das Goldtröpfchen *(Chiastophyllum oppositifolium)* vereint grazile Blütentrauben und fleischiges Laub. Es blüht von Juni bis Juli und wächst bevorzugt im Schatten und Halbschatten. Die saftigen Blätter bleiben das ganze Jahr über grün.

Noch mehr Pflanzen für Trockenmauern

■ **Sonnige Lagen**
Blaukissen *(Aubrieta*-Hybriden)
Spornblume *(Centranthus ruber)*
Pfingstnelke *(Dianthus gratianopolitanus)*
Hungerblümchen *(Draba aizoides)*
Dalmatiner Storchschnabel *(Geranium dalmaticum)*

■ **Schattige Lagen**
Gänsekresse *(Arabis procurrens)*
Gelber Lerchensporn *(Pseudofumaria lutea)*
Walderdbeere *(Fragaria vesca)*
Ruprechtskraut *(Geranium robertianum)*
Moos-Steinbrech *(Saxifraga*-Arendsii-Hybriden)

Sommer

Aromatische Tomaten ernten, mit frischen Kräutern würzen, saftige Beeren pflücken und üppige Blüten bestaunen: Im Sommer kommen Gärtner voll auf ihre Kosten.

Gemüse für Ungeduldige

Diese Gemüse-Arten wachsen schnell, sind nach kurzer Zeit reif und stellen keine hohen Ansprüche an den Gärtner.

Radieschen sind schon einen Monat nach der Aussaat reif. Pflanzen, die zu eng stehen, kann man sogar noch früher aus der Erde ziehen und samt Blättern in die Salatschüssel werfen.

Wachsen auf den Beeten die Sommer-Sprinter unter den Gemüsen, vergehen von der Aussaat bis zur Ernte nur wenige Wochen. Im jährlichen Wettrennen haben Pflück- und Asia-Salate die Nase vorn, dicht gefolgt von Radieschen. In sehr warmen Sommern schafft es auch der Gemüse-Amaranth, rasch viele zarte Blätter zu liefern. Stielmus und Mairübchen lassen nicht lange auf sich warten, und mit etwas Trickserei landen sogar Kohlrabi und Rote Bete nach kurzer Zeit auf dem Teller. Schließlich folgen noch die Fingermöhren, immerhin die schnellste Möhren-Variante.

Beste Bedingungen von Anfang an

Gemüse, das früh erntereif sein soll, braucht einen guten Start. Schon bei der Aussaat oder Pflanzung entscheidet sich, wie schnell die Pflanzen aus den Startlöchern kommen. Im Frühling sind die meisten Samen dankbar für einen Folientunnel oder ein Frühbeet. Im Sommer dagegen ist es vielen zu warm und trocken zum Keimen. Dann drückt man alle Aussaaten besonders gut an, damit die Samen rundherum dicht von kühlen, feuchten Erdkrümeln umgeben sind und nicht so rasch austrocknen. Regelmäßiges Gießen ist selbstverständlich, andernfalls stockt das Wachstum schon in den ersten Tagen. Wer die Aussaaten locker mit Gemüsevlies, Mulchvlies, Mulchpapier oder Kokosmatten bedeckt, sorgt dafür, dass der Boden länger feucht und kühl bleibt. Außerdem verschlämmt bedeckte Erde beim regelmäßigen Gießen nicht, denn Vliese und Matten bremsen den harten Aufprall der Wassertropfen. Allerdings muss die Schutzschicht rechtzeitig – bei den Kohlgewächsen vorsichtshalber schon nach fünf Tagen – entfernt werden, damit die frisch austreibenden Keimlinge sofort Licht und Luft bekommen.

Salatsamen reagieren auf Wärme besonders empfindlich. Steigen die Temperaturen über 20 °C, laufen sie gar nicht erst auf. Profis säen Salatsamen in heißen Sommerwochen in Schalen aus, ohne sie mit Erde zu bedecken (Lichtkeimer!) und stellen diese an ein helles Fenster im kühlen Keller. Sind die Pflänzchen gekeimt, werden sie langsam an Hitze und Sonne gewöhnt und

Stielmus

Mairüben

Stielmus ist das Laub der Mairüben. Wer es darauf abgesehen hat, sät sehr dicht und erntet die Blätter früh. Wählt man einen größeren Abstand, kann man ein paar Wochen später die echten Mairüben aus der Erde ziehen: erst als Baby Roots, dann als große Rüben.

dann ins Beet gepflanzt – unbedingt an einem bedeckten oder regnerischen Tag. Vorgezogene Pflanzen müssen allerdings erst den Umzugschock überwinden, bevor sie weiterwachsen. Das kostet sie ein paar Tage. Zu den Schnellsten gehören Asia- und Pflücksalate deshalb nur, wenn sie direkt ins Beet gesät und als Babyleaf angebaut werden. Das heißt, man sät viel dichter als üblich, etwa 2–3 cm innerhalb der Reihe und erntet die Salate, sobald die Blätter handhoch sind.

Manche mögen's heiß

Im Gegensatz zum Salat liebt es Amaranth mollig warm. Der Verwandte des Spinats stammt aus Südamerika und kommt bei Hitze und Trockenheit erst so richtig auf Touren. Es gibt speziellen Gemüse-Amaranth mit kleinen, zarten Blättern, aber die meisten Züchtungen sind auf dekorative Fruchtstände, hohe Körnererträge oder auf eine tiefrote Blattfarbe hin ausgelesen. Als Babyleaf kann man trotzdem alle Typen anbauen. Geerntet wird, wenn die Jungpflanzen handhoch sind. Nur die Triebspitzen und Blätter vom Gemüse-Amaranth sind auch nach längerem Beetaufenthalt noch zart. Amaranth-Blätter schmecken ähnlich wie Spinat und werden ebenso wie dieser tropfnass in einen Topf geworfen und gedünstet.

Als sommertauglich erweist sich auch Blattmangold. Er kann Spinat ersetzen, denn diesem eigentlich flotten Gemüse geht bei Hitze die Puste aus – er blüht, statt saftige Blätter zu bilden. Erst ab Ende Juli ausgesät findet Spinat zu seiner frühlingshaften Hochform zurück. Auch für Mairüben und Stielmus gilt: am besten erst dann säen, wenn die größte Hitze vorbei ist. Stielmus ist heute kaum noch bekannt, aber frühere Gärtner-Generationen schätzten dieses ergiebige Gemüse sehr. Bei Stielmus handelt es sich um Mairüben, die dicht ausgesät und früh geerntet werden.
Die Blattspreiten werden abgestreift und nur die weißen Stiele gedünstet. Die Blätter der Sorten 'Namenia' und 'Hymenia' sind so zart, dass man sie mitessen kann.
Im Juni dauern die Tage lang, aber schon einen Monat später hat die Sonne weit weniger Kraft. Nach der Jahresmitte wählt man die Pflanzabstände bei Aussaaten daher weit, das heißt, mindestens so groß wie auf der Samenpackung angegeben. Denn alle schnellen Gemüse brauchen viel Licht und Luft, außerdem freien Zugang zu Wasser und Nährstoffen, um zügig zu wachsen. Vor allem Salate sind auf luftige Verhältnisse angewiesen, damit sie nicht an Pilzerkrankungen leiden.
Wichtig ist lockere, humose Erde, in der die Wurzeln flott vorwärtskommen. Es reicht in der Regel, wenn die Beete im Frühling mit Kompost versorgt wurden. Bevor Mangel an einem Nährstoff herrscht, sind die schnellen Gemüsearten meist schon geerntet. Treten in manchen Jahren trotzdem gelbe Blätter auf und stockt das Wachstum, bekommen die Pflanzen wöchentlich eine Portion organischen Flüssigdünger – in Form eines Volldüngers aus dem Handel oder einer Gießkanne mit gut verdünnter Brennnesseljauche.

Baby-Gemüse

Wer ein kleines bisschen schummelt, kann auch von Natur aus langsam wachsende Gemüse in Rekordzeiten auf den Tisch bringen. **Kohlrabi**, **Mairüben** und **Rote Bete** eignen sich gut, weil sie als »Baby Roots« ganz besonders zart und knackig sind und fein aromatisch schmecken. Man sät sie wesentlich dichter aus als üblich (siehe Tabelle) und erntet, wenn die Knöllchen 4–5 cm breit sind und die Nachbarn berühren. Am besten wird jede zweite Pflanze aus dem Boden gezogen, dann können die übrigen länger auf dem Beet bleiben und dick und rund werden. In der Küche sind die zarten Knöllchen ebenso schnell: Die Kochzeiten verkürzen sich deutlich.

Auch früh reifende **Möhrensorten** wie 'Sugarsnax' oder 'Nantaise 2'-Typen kann man als Fingermöhren dicht aussäen und bereits zehn Wochen später die ersten knackigen Wurzeln ernten.

Flotte Gemüse und Salate für die Aussaat im Sommer

Gemüse	Familie	Aussaatzeit	Reihenabstand in cm	In der Reihe in cm	Optimale Keimtemperatur	Kulturdauer in Wochen/ Erntegröße	Anbau-/Ernte-Tipps	Sorten
Amaranth	Gänsefußgewächs	Mitte Mai–Ende Juli	15–20	10–12	20–25 °C	4–6 Triebe, 10–20 cm hoch	Triebspitzen und junge Blätter ernten	alle üblichen Sorten
Asia Babyleaf	Kohlgewächs	März–Ende August	15–25	1–2	18–20 °C	3–5 Blätter, 10 cm lang	2 cm über dem Boden schneiden, dann wächst 2. Ernte nach	Mizuna, Komatsuna, Tatsoi, Pak Choi, Blattsenf u.a.
Baby Beets	Gänsefußgew.	April–Ende Juli	15	5	16–22 °C	9–12	2–3 cm tief säen, gut andrücken	alle üblichen Sorten
Baby-Kohlrabi	Kohlgewächs	März–Juli (Pflanzung 5 Wochen später)	25	15	18–22 °C	5–8	am Anfang jede 2. Knolle ernten, damit die übrigen mehr Platz haben	'Azur-Star' und 'Korist' verholzen im Sommer nicht so rasch
Blattmangold	Gänsefußgewächs	Anfang Mai–Ende Juni	25–30	10–15	16–22 °C	8–9	Blätter 2 cm über dem Herzen abschneiden, dann 2. Ernte möglich	rasch wachsende Blattsorten wie 'Lukullus'
Mairüben	Kohlgewächs	März oder Ende Juli–Mitte August	20	10–15	12–18 °C	4–10 Rüben, 4–6 cm breit	Kulturschutznetze gegen Kohlfliege einsetzen	'Tokyo Top F1' oder 'Natsu Komachi F1' reifen besonders rasch
Pflück-, Schnittsalat, Kopfsalat	Korbblütler	Anfang März–Mitte September	25–30 20	20 1–2	10–15 °C	5–8 3–5	Blätter einzeln von außen ernten, 10 cm große Blätter ernten	Lollo-, Batavia- und Eichblattsorten verwenden; über 20 °C Keimhemmung
Radieschen	Kohlgewächs	März–Mitte August	10	4–5	15–20 °C	4–6	gleichmäßige Wasserversorgung fördert saftige Knollen	Sommersorten wie: 'Rondeel', 'Falco' schossen nicht
Spinat	Gänsefußgewächs	Februar–März oder Ende Juli-September	20–30	3	15–20 °C	6–10	3–4 cm tief säen, nie austrocknen lassen	Sommersorten: 'Emilia', 'Columbia', 'Gamma'; 'Sardinia' als Babyleaf-Spinat
Stielmus	Kohlgewächs	März/April oder Ende Juli–Mitte September	15–20	2–3	10–16 °C	5–7 Blätter, 10–25 cm lang	1–2 cm tief aussäen; Herzblätter stehen lassen, dann 2. Ernte möglich	Bei 'Namenia', 'Hymenia' verzehrt man das gesammte Blatt; auch Mairübensorten verwenden

Tomaten aus eigener Ernte

Tomatenpflanzen beanspruchen wenig Platz, wachsen im Beet oder auf dem Balkon und liefern kiloweise aromatische Früchte. Ihre einzige Forderung: Wärme, und davon so viel wie möglich.

Mit Tomaten aus eigenem Anbau weiß ein Gärtner, was er hat. Sonnengereift und saftig sind sie auf jeden Fall frei von Pestiziden, aber voller Aroma.

Tomaten, die einem von Weitem entgegenleuchten, verlocken zuzulangen. Sonnenwarm und aromatisch wandern vor allem kleine Früchte von der Hand fast wie von selbst in den Mund.

Frisch, reif, bunt

Sorte und Wetter entscheiden, wann die Ernte beginnt. Oft sind Tomaten schon im Juli reif, manchmal erst im August.

Je mehr Licht Tomaten bekommen, desto röter werden sie. Während des Reifeprozesses schwindet der grüne Farbstoff Chlorophyll und macht langsam dem kräftig roten Lycopin Platz. Das giftige Solanin, das alle Nachtschattengewächse in sich tragen, weicht ebenfalls mit der Reife (übrigens auch bei grünen Sorten).

Um bestes Aroma zu entwickeln, brauchen Tomaten Wärme, vor allem in den Nächten. Temperaturen unter 16 °C lassen die Früchte grün verharren. Deshalb ziehen viele Gärtner die Pflanzen im Gewächshaus.

Wer gerne Tomaten isst, tut seinem Körper Gutes, denn die Früchte enthalten reichlich Vitamin C, außerdem Vitamin E und Folsäure sowie Mineralstoffe wie Kalium und Magnesium. Damit alle Vorzüge der Früchte zum Zuge kommen, raten Wissenschaftler:

- **Frisch** essen
  Direkt vom Strauch gepflückt und gerade ausgereift enthalten Tomaten am meisten Vitamin C.
- **Reif** essen
  Der Gehalt an Lycopin, dem roten Tomatenfarbstoff, hängt vor allem vom Reifegrad einer Frucht ab. Tiefrote Tomaten besitzen das meiste Lycopin. Der Farbstoff nimmt auch in Konserven nicht ab. Lycopin senkt Entzündungen im Fettgewebe und beugt Diabetes vor.
- **Bunt** essen
  Flavonoide färben Tomaten gelb und orange, Anthocyane verursachen die dunkelviolette bis blaue Färbung mancher Sorten. Beide Farbstoffe gelten als Radikalenfänger und helfen dem Körper, gesund zu bleiben.

Tomaten satt: Sechs bis zehn Tomatenpflanzen versorgen einen Vier-Personen-Haushalt mit reichlich Früchten zum frisch Essen und Einkochen.

Streifen und Rippen

Die Zeiten, in denen Tomaten nur rot und rund waren, sind vorbei. Streifenlook ist angesagt. Orangegelb und grün geflammt zeigt sich **'Green Zebra'**. Mit ihrem süßen, schmelzenden Geschmack ist sie besonders für Salate oder zum Naschen geeignet. 'Green Zebra' reift früh im Freiland und Gewächshaus.

Dass Streifen schlank machen, beweisen auch die länglichen Früchte von **'Striped Roman'**. Sie ist auffallend rot-gelb gemustert. Die Südländerin braucht viel Wärme und deshalb am besten einen Platz im Gewächshaus oder unter einem Folientunnel. Wie dicke Turbane sehen Früchte der **'Purple Calabash'** aus. Die dicke Fleischtomate wird leicht unreif geerntet, lässt sich so aber gut aufbewahren.

Größenrekorde brechen auch andere Fleischtomaten. **'Marmande'** aus Frankreich ist rundum leicht gerippt. Tief dunkelweinrot besteht die **'Schwarze Krim'** jeden Schönheitswettbewerb. Wie dicke, hellrote Herzen hängen die Früchte von **'Rosa Ochsenherz'** an den Pflanzen. Alle dicken Fleischtomaten gedeihen aufgrund der langen Reifezeit am besten im Gewächshaus.

Tomaten anbauen macht Spaß und gelingt fast immer. Wenn das Wetter stimmt, kann man täglich beobachten, wie die Pflanzen wachsen und die Früchte reifen.

Tomatensorten für jeden Geschmack

klassisch und rot

'Flavance'

'Flavance'

Frucht: Fruchtfleisch und Haut enthalten einen besonders hohen Anteil an Lycopin und sind daher intensiv dunkelrot gefärbt.
Anbau: Im Gewächshaus oder im Beet; resistent gegen Echten Mehltau
Küchentipp: Diese Vital-Tomate eignet sich aufgrund ihrer tiefroten Farbe auch gut für Saft.

'Picolino'

Frucht: Glänzend dunkelrot und sehr aromatisch; mit 30–40 g Gewicht relativ klein
Anbau: Lässt sich als Stabtomate mit einem Trieb oder mehrtriebig als Strauch ziehen. Wüchsige, robuste Sorte für Freiland und Gewächshaus; resistent gegen viele Krankheiten
Küchentipp: Schnittfeste Tomate für Salat

'Harzfeuer'

Frucht: Mittelgroß, hellrot; eine der bekanntesten samenechten Sorten, die zunächst vorwiegend im ostdeutschen Raum angebaut wurde
Anbau: Früh reifende Stabtomate; gedeiht im Freiland und im Tomatenhäuschen
Küchentipp: Klassiker für Salate und Gemüsegerichte

klein und rund

'Black Cherry'

'Rote Murmel'

Frucht: Wildtomate *(Lycopersicum pimpinellifolium)* mit sehr kleinen, roten und sehr süßen Früchten mit weicher Haut
Anbau: Wüchsig, robust und widerstandsfähig gegen die Braunfäule; nicht ausgeizen, mit mehreren Trieben an Spalier oder Rankpyramide ziehen
Küchentipp: Naschfrucht frisch vom Strauch oder zum Einmachen

'Supersweet 100'

Frucht: Typische Cocktailtomate: saftig, knackig, kugelrund und 2–2,5 cm groß
Anbau: Robuste Stabtomate, liefert hohe Erträge; wenn größere Früchte gewünscht werden, kann man einige Blüten pro Rispe abknipsen; für Garten und Gewächshaus
Küchentipp: Süß und aromatisch, ideal als Naschfrucht und für Salate

'Black Cherry'

Frucht: Die einzig bekannte schwarze bzw. braune Kirschtomate
Anbau: Ertragreiche Stabtomate, die sehr hoch wächst; daher am besten mit zwei oder drei Trieben ziehen und diese jeweils an einem Stab festbinden; für Freiland und Gewächshaus
Küchentipp: Süß und dennoch würzig, ideal für Salate

gelb und mild

'Goldene Königin'

'Goldene Königin'

Frucht: Groß, rund, bis 150 g schwer, goldgelb im ausgereiften Zustand; sehr alte Sorte
Anbau: Reichtragende, frühe Stabtomate für Freiland und Gewächshaus
Küchentipp: Mild-süße Früchte für alle Verwendungsmöglichkeiten

'Cerise gelb'

Frucht: Gelb, 11–20 g schwer, wenig Säure, viel fruchtige Süße
Anbau: Früh reifende, robuste, sehr wüchsige Stabtomate für Freiland und Gewächshaus; eintriebig braucht sie hohe Stützstäbe, oder sie wird mit zwei Trieben gezogen
Küchentipp: Saftig-knackige Früchte zum Naschen und für Salate

'Gelbes Birnchen'

Frucht: Kleine, bis 13 g schwere, birnenförmige und leuchtend gelbe Tomaten mit dünner Haut; historische Sorte
Anbau: Robuste Stabtomate, auch für das Freiland
Küchentipp: Naschtomate für Kinder, mildes Aroma

eiförmig und süß

'Dasher'

'Agro'

Frucht: Eine typische italienische Dosentomate mit gut 90 g schweren, länglichen Früchten
Anbau: Sehr ertragreiche Stabtomate, widerstandsfähig gegen Tomatenmosaikvirus, Welkekrankheiten, Kraut- und Braunfäule
Küchentipp: Aromatische, feste Früchte, ideal zum Grillen, Kochen und Einlegen

'Dasher'

Frucht: Klein, rot, pflaumenförmig, knackig und süß, etwa 20 g schwer
Anbau: Stabtomate, die im Gewächshaus oder unter einem Regenschutz hohe Erträge bringt; veredelte Pflanzen wachsen sehr stark, diese am besten zweitriebig ziehen
Küchentipp: sehr aromatische Nasch- und Salattomate

'Pepolino'

Frucht: Früh reifende, ertragreiche Mini-Datteltomate
Anbau: Mehrtriebig, als Busch wachsen lassen und die Triebe mit Stäben stützen; braucht deshalb viel Platz; am besten im Gewächshaus oder unter einem Regenschutz anbauen
Küchentipp: Saftig-süße Naschtomate mit starkem Aroma

Pflanz-Tipps für eine reiche Tomaten-Ernte

- Tomaten lieben humosen, nahrhaften, kalkhaltigen **Boden**. Sie wurzeln bis zu 80 cm tief. Vor dem Pflanzen wird das Beet tief gelockert und die Erde mit halb verrottetem Kompost (4–5 Liter/m^2) und/oder organischen Tomatendüngern verbessert.
- Tomaten brauchen viel Platz: etwa 60 x 60 cm **Abstand** voneinander. Berühren sich benachbarte Pflanzen, kann sich der Braunfäulepilz leichter ausbreiten.
- Die **jungen Pflanzen** werden sehr tief, mindestens bis zum untersten Blattpaar in den Boden gesetzt, dadurch bilden sich zusätzliche Wurzeln am Stängel.
- Bei veredelten Pflanzen darf die **Veredelungsstelle** auf keinen Fall mit Erde bedeckt sein, sonst wurzelt die Edelsorte an und die Pflanze verliert ihre Widerstandskraft gegen Bodenkrankheiten.
- Versenken Sie gleich beim Pflanzen kleine Tonblumentöpfe bis zum Rand neben jede Pflanze. Beim Gießen benetzen Sie nicht die Blätter, sondern nur die Erde im Wurzelbereich und füllen gleichzeitig die Töpfe voll **Wasser**. Dieses sickert langsam in den Boden und tränkt auch tiefer wachsende Wurzeln. Bis zum Herbst hat sich oft ein dichtes Wurzelgeflecht um die Töpfe geschlungen.
- Tomaten sind hungrig und durstig. Sie brauchen täglich mindestens 6 Liter Wasser und bis Ende August alle 14 Tage eine Portion organischen **Flüssigdünger** (z. B. Brennnesseljauche).
- Damit über den offenen Boden nicht zu viel Wasser verdunstet, bedeckt man ihn möglichst immer mit einer **Mulchschicht** aus Rasenschnitt oder Brennnesseln.
- Die meisten Tomatensorten werden eintriebig gezogen und an Stäben hochgebunden. Entfernen Sie **Geiztriebe** in den Blattachseln regelmäßig, damit die Pflanze keine Kraft für Seitentriebe verschwendet.

Richtig aussäen

Stehen Tomaten von klein auf einzeln im Topf, entwickeln sie sich zu kräftigen Pflanzen, die im Beet gut weiterwachsen:

- Von Anfang März bis Mitte April legt man 2–3 Samen in ein Töpfchen mit Aussaaterde und bedeckt sie 2 cm dick mit Erde. Nach der Keimung lässt man nur die stärkste Pflanze stehen.
- Sobald sich das Grün zeigt, stehen Tomaten am besten an einem sonnigen, aber kühlen Fenster (bei etwa 16 °C) oder im mäßig beheizten Gewächshaus.
- Bei gutem Wetter stellen Gärtner ihre jungen Pflänzchen tagsüber ins Freie an eine geschützte, halbschattige Stelle. An der frischen Luft gewöhnen sich die Tomaten an das Leben im Garten.
- Bis zu den Eisheiligen Mitte Mai bleiben Tomaten aber nachts noch im Haus. Fröste setzen den zarten Trieben empfindlich zu. Ins Gewächshaus dürfen sie schon ab Mitte April umziehen.

Saftige Früchte vom Balkon

Mit etwas Sorgfalt gedeihen alle Tomatensorten auch im Topf. Am besten wählt man kleinwüchsige Buschtomaten wie die 60 cm hohe 'Balkonstar', die besonders warme Lagen bevorzugt. 'Mikro Tom', eine kriechende Sorte, eignet sich selbst für kleine Töpfe und den Balkonkasten. Die Sorte 'Zuckerbusch' gedeiht in größeren Kübeln und setzt auch auf beengtem Raum ihr Wachstum fort.

Faule Tomaten

- In vielen Regionen greift Jahr für Jahr die **Braunfäule** *(Phytophthora infestans)* um sich. Nässe durch Regen, Nebel und Tau fördert den Pilz, der graugrüne Flecken auf den Blättern verursacht, bis sie sich schwarz verfärben und absterben. Befallene Früchte werden rasch ungenießbar.
- Tomaten pflanzt man deshalb am besten in **Gewächshäuser**, unter **Folientunnels** oder in **Tomatenhäuschen** aus Kunststoff. Es gibt sie im Handel in den verschiedensten Größen und Preisklassen zu kaufen. Haben die Häuschen eine offene Seite, sollte diese nach Süden oder Südosten zeigen, damit es nicht hineinregnet. Auf den Wetterseiten (West und Nord) reichen die Folien bis zum Boden. Mobile Tomatenhäuschen stellt man auf ein sonniges, gut gelockertes und gedüngtes Beet. Auch Topf-Tomaten finden darunter Platz, etwa auf Balkon und Terrasse.
- Wichtig ist, Folientunnel und Gewächshäuser an trockenen Tagen morgens rechtzeitig zu **lüften**. Auch unter eng anliegenden Tomatenhauben kann sich der zerstörerische Pilz ungehindert ausbreiten, weil die Blätter darunter nur langsam abtrocknen.
- Robuste Tomatensorten wie 'De Berao', 'Myrto', 'Philovita' und 'Phantasia' sind weniger anfällig für die Braunfäule als andere, völlig vor ihr gefeit sind aber auch sie nicht. Allerdings erkranken vor allem die Blätter, die Früchte dieser Sorten bleiben meistens verschont.

Ein regendichtes Foliendach schützt die Pflanzen vor einem Befall mit der gefürchteten Braunfäulekrankheit.

Kein Sommer ohne Erdbeeren

Erdbeeren stehen ganz oben auf der Hitliste der Lieblingsfrüchte. Kein Wunder, dass Gärtner sie am liebsten im eigenen Beet pflücken.

Gewiss hätte der Schöpfer eine köstlichere Beere ersinnen können, freilich, er hat es nicht getan«, lobte der englische Botaniker William Butler um 1600 die Erdbeere. Dass das süße Obst eigentlich nicht zu den Beeren zählt, hält selbst Wissenschaftler nicht vom Schwärmen ab. Schließlich spielt es für den Genuss keine Rolle, dass Erdbeeren fleischig verdickte Blütenachsen sind, auf denen zahlreiche Nüsschen sitzen.

Erdbeere ist nicht gleich Erdbeere

Einst pflückte man die Aroma-Bömbchen ausschließlich draußen in Feld und Flur. Bis heute steckt in den Mini-Früchten der wilden **Walderdbeere** *(Fragaria vesca)* ein Geschmack, von dem große Erdbeeren nur träumen können. Im Garten räumt man dieser Ur-Erdbeere einen Platz ein, auf dem sie sich nach Lust und Laune ausbreiten darf. Das Kleinod erobert binnen kurzer Zeit kahle Flächen unter Sträuchern oder kriecht in die Fugen von Treppen und Trockenmauern, je nachdem wohin die Ameisen ihre Samen verschleppen.

Erst als die ferne Verwandschaft der Walderdbeeren im 16. Jahrhundert nach Europa kam, nahm der Genuss größere Formen an. Die heute gängige **Gartenerdbeere** *(Fragaria × ananassa)* mit großen, saftigen Früchten war geboren. Sie ist eine Kreuzung amerikanischer Elternarten *(Fragaria virginiana* und *F. chiloensis)*.

Mit den **Monatserdbeeren** *(Fragaria vesca* var. *hortensis)* haben Gärtner eine Variante der Walderdbeere gefunden, die den ganzen Sommer Früchte trägt. Sie sind pflegeleicht, kommen mit jedem Gartenboden zurecht und liefern selbst an leicht schattigen Plätzen noch Früchte. Die Pflanzen sind auch für Erdbeerbeete wie geschaffen, denn viele Sorten bilden keine Ausläufer und gehen nicht auf Wanderschaft.

Als **Erdbeerwiese** hat sich eine Züchtung aus der Gartenerdbeere und der Walderdbeere einen Namen gemacht. 'Florika' bildet aus vielen Ausläufern dichte Decken. Mindestens über fünf Jahre hinweg entwickelt sie zahlreiche, aromatische Früchte, und das einen ganzen Sommer lang. Ohne Bodenkontakt nicken diese an hohen Stielen über dem Laub und bleiben sauber und gesund.

Sobald im September die Tage immer kürzer und die Temperaturen niedriger werden, setzen Erdbeeren ihre Blütenknospen für das nächste Jahr an.

Gut zu wissen

- Erdbeerpflanzen bilden ihre **Blütenknospen** nicht erst im Frühjahr aus, sondern bereits im September. Den Anstoß dazu geben die kürzer werdenden Tage und die abnehmenden Temperaturen.
- **Moderne Erdbeersorten** tragen in ihren Blüten männliche und weibliche Anlagen. Trotzdem sollte man auf dem Erdbeerbeet stets eine zweite Sorte anbauen, damit Insekten aus dem Vollen schöpfen können. Bienen, Hummeln und Schwebfliegen tragen die Pollen von Blüte zu Blüte.
- **Gut in Form** zeigen sich die Früchte nur, wenn möglichst alle Samenanlagen befruchtet wurden. Verkrüppelte Erdbeeren wurden ungenügend bestäubt. Der Grund: spärlicher Bienenflug oder Regenwetter.
- **Hungrige Vögel** picken nur an roten Früchten, denn die geben ihnen das Signal »reif«. Weiße Sorten lassen die Tiere links liegen.
- **Allergiker** vertragen weißfruchtige Erdbeeren deutlich besser als rote. Für die allergische Reaktion ist ein Eiweiß verantwortlich, das in der roten Erdbeer-Farbe vorkommt.
- **Unreife Erdbeeren** reifen – anders als Bananen oder Tomaten – nach dem Pflücken nicht mehr nach.

Ein wenig nach Vanille schmeckt die Weiße Monatserdbeere 'Alba' (links). Auch die Weißen Gartenerdbeeren 'Anabella' und 'White Dream' machen von sich reden: Ihre süßen, hellen Früchte sind mit roten Samen besprenkelt.

Moschuserdbeere 'Capron Royal'

In alten Erdbeersorten schwelgen

Alte Erdbeersorten schmecken meist intensiver als moderne Supermarkt-Sorten. Bei ihnen hieß das Züchtungsziel Aroma, nicht lange Haltbarkeit.

- **'Senga Sengana':** Ihre Früchte reifen ab Mitte Juni in rauen Mengen und schmecken säuerlich-aromatisch.
- **'Capron Royal'** heißt eine Moschus- oder Zimt-Erdbeere *(Fragaria moschata)*, die etwa 1766 in Frankreich gezüchtet wurde. Ihre köstlichen Früchte sind auch vollreif noch hellrot, fast weißlich. Die selbstfruchtende Sorte eignet sich gut als Bodendecker.
- **'Mieze Schindler'** hat, was Erdbeerfans wollen: dunkle Früchte mit viel Aroma. Der Ertrag fällt etwas kleiner aus als bei anderen Sorten. 'Mieze Schindler' befruchtet sich nicht selbst, eine zweite Sorte ist nötig.
- **'Mara de Bois'** packt, wie kaum eine Gartenerdbeere sonst, ihre Früchte voll mit Walderdbeer-Aroma.

Gartenerdbeere 'Senga Sengana'

Gartenerdbeere 'Mieze Schindler'

Ernte aus dem Topf

Von Blumenampeln oder Balkonkästen herab lassen hängende Sorten nicht nur ihre Blüten, sondern auch ihre Früchte vor unseren Nasen baumeln, zuckersüß und zum Anbeißen.
Vor allem **hängende Monatserdbeeren** bilden an langen Ranken dicke Trauben aus festen Früchten, die sich in der Höhenluft gesund und unversehrt entwickeln. Man kann also auch auf dem Balkon ab Juni ohne Unterbrechung Erdbeeren ernten.

Schritt für Schritt hochgestapelt

Für Balkon-Gärtner führt der Gartenfachhandel eigens Erdbeertöpfe, meist aus Terrakotta. Die fruchtenden Pflanzen quellen aus kleinen Fenstern, die etagenweise ringsum angeordnet sind.

- Bepflanzen Sie den Topf Lage für Lage. Füllen Sie ihn nach jeder Erdbeer-Etage bis zur nächsten weiter mit guter Erde auf.
- Dann setzen Sie die nächste Erdbeerpflanze. Um die Erdbeeren unversehrt von innen durch die Pflanzlöcher fädeln zu können, wickeln Sie sie zu schlanken Rollen in Zeitungspapier.
- Ein kleines Dränagerohr, in die Mitte des Topfes gesteckt und mit Kies gefüllt, lässt das Wasser gut abfließen. Denn stauende Nässe mögen Topf-Erdbeeren genauso wenig wie die auf dem Beet.

Erdbeer-Gartenpraxis

- Wer beim Gärtner bis Mitte Mai kräftig entwickelte **Topfpflanzen** kauft und pflanzt, darf sich noch im selben Sommer auf eigene Früchte freuen. Im Juli und August gepflanzte Erdbeeren tragen erst im Folge-Jahr.
- Erdbeeren brauchen einen **Standort** in der Sonne oder im lichten Schatten.
- Wählen Sie ein **Beet**, auf dem 4 Jahre keine Erdbeeren gestanden haben. Sonst fordern Bodenälchen ihren Tribut.
- Auf ein 1,20 m breites Beet passen 3 Reihen mit 40 cm Abstand. In der Reihe 30 cm Abstand halten.
- Bereiten Sie die Beete 2–3 Wochen vor dem Pflanzen vor, damit sich die Erde setzt. Weil die Pflanzen bis einen Meter tief wurzeln, lockert man den Boden mit der Grabgabel und verbessert ihn mit reifem **Kompost**.
- **Gießen** Sie Erdbeeren regelmäßig, andernfalls bleiben die Früchte klein.
- Mit dem **Düngen** hält man sich in den ersten Monaten besser zurück, weil zu viel Stickstoff die Pflanzen anfällig für Krankheiten macht und die Früchte wässrig werden. Mehrjährige Kulturen versorgt man nach der Ernte mit organischem Dünger. Kommen Pflanzen schwächlich über den Winter, erhalten sie im Frühjahr eine Gabe Hornmehl oder stickstoffbetonten Biodünger.
- Zwischen den Erdbeeren lockert man den **Boden** im Laufe des Jahres nur flach. Vor der Reife mulchen viele Gärtner den Boden mit Stroh, damit die Früchte nicht verschmutzen. Eine Mulchfolie leistet schon vom Kultur-Start an gute Dienste, denn sie unterdrückt Wildwuchs, hält den Boden feucht und die Beeren sauber.
- Je länger Gartenerdbeeren auf einem Beet wachsen, desto kleiner werden die Früchte. Spätestens nach 4–5, besser schon nach 3 Jahren ist Zeit für neue Pflanzen (Ausläufer) und einen **Flächenwechsel**.
- Bleiben Erdbeeren zu lange auf einem Beet, reichern sich **Krankheits-Erreger** in der Erde an. Schwere, staunasse Böden begünstigen Infektionen.
- Wer **Ausläufer** aus eigenem Anbau im Herbst verpflanzen möchte, sollte nur reichblühende und -tragende Pflanzen mit einem Stab markieren, denn blühfaule Exemplare bilden besonders kräftige Kindel und geben diese ungünstige fruchtarme Eigenschaft auch an ihre Nachkommen weiter.
- In verregneten Jahren holen sich **Nacktschnecken** einen Teil der Ernte. Enger Stand oder ein schattiger Standort fördert den Befall, da die Tiere dort ideale Tagesverstecke finden. Um den Schaden in Grenzen zu halten, achten Sie auf einen ausreichenden Abstand zwischen den Pflanzen, gießen Sie die Pflanzen nur morgens und sammeln Sie die Schnecken in der Abenddämmerung ab.
- Nasse, warme Witterung (15–20 °C) begünstigt die Ausbreitung von **Grauschimmel**. Um dem vorzubeugen, pflanzen Sie Erdbeeren nicht zu eng, verabreichen Sie Kompost und verzichten Sie auf stickstoffbetonte Düngung. Schützen Sie außerdem die Blütenstände durch Mulch vor Bodennässe und entfernen Sie verdorrte Blätter, kranke Blütenstände sowie grüne Früchte mit braunen Flecken. Schneiden Sie nach der Ernte altes Laub ab, damit der Pilz nicht auf dem Beet überwintert.

Beeren-Obst auf kleinstem Raum

Johannisbeeren reifen an pflegeleichten Sträuchern, die kaum Arbeit machen und im Garten wenig Platz beanspruchen.

Jahr für Jahr erhalten Johannisbeeren Bestnoten in den Fächern Wachstum, Gesundheit und Beerenfülle – auch, wenn der Gärtner dafür nicht viel tut. Aber besonders köstliche und dicke Beeren spendieren die Sträucher nur, wenn man ihnen etwas Aufmerksamkeit und Pflege schenkt.

Wer zum Beispiel weiß, dass Johannisbeeren lockeren Boden mögen, kann ein Jahr vor dem Pflanzen Senf als Gründünger aussäen. Wer außerdem ihre Liebe zu Licht und Luft kennt, reserviert ihnen einen sonnigen Platz und schneidet sie regelmäßig. Dann liefern Johannisbeeren wirklich immer reichlich Obst auf kleinstem Raum. Zwei bis vier Sträucher versorgen eine 4-köpfige Familie mit genügend süß-sauren Beeren für Kuchen, Saft, Gelee und Soßen, als Beilage zu Wildgerichten oder als Zutat im Müsli und Joghurt.

Rote und Weiße Johannisbeeren befruchten sich selbst. Mehr und größere Beeren reifen aber, wenn eine zweite Sorte in der Nähe wächst. Lässt ein Strauch Blüten oder halbreife Früchte fallen, nennt man das Verrieseln. Das passiert nach einem nasskalten Frühling, in dem kaum Bienen und Hummeln unterwegs waren, wenn die Blüten Frost abbekommen haben oder extreme Trockenheit herrscht. Sorten mit langen Trauben verrieseln häufiger.

Beet frei für neue Beeren

Bevor Johannisbeersträucher in den Garten ziehen, lockern Sie den Boden in einem Umkreis von 1 m spatentief mit der Grabgabel. Entfernen Sie sorgfältig alle Wurzelunkräuter wie Quecke oder Giersch und arbeiten Sie reifen Kompost ein. So bereitet man Johannisbeeren den besten Empfang. Wird zusätzlich eine 10 cm dicke Mulchschicht aus Rasenschnitt oder angerottetem Kompost ausgebreitet, schlagen die Sträucher gerne Wurzeln – wenngleich nur sehr flach unter der Erde. Die Rasenfläche ist deshalb kein idealer Ort für Johannisbeeren: Das Gras macht ihnen Nährstoffe und Wasser streitig. Ein guter Pflanztermin ist der Herbst, in rauen Lagen der Frühling. Weil Johannisbeeren zügig wachsen, genügen Sträucher mit anfangs 3–4 kräftigen Trieben, die man im Abstand von 1,50–1,80 m pflanzt.

Johannisbeer-Blüten sind sehr frosthart. Deshalb liefern die Beerensträucher zuverlässig Jahr für Jahr reiche Ernte – selbst dann, wenn der Frühling eisig war.

'Weiße Versailler'

'Jonkheer van Tets'

Kleines Sorten-Kaleidoskop

Genuss und Erntezeitraum lassen sich noch steigern, wenn verschiedene Johannisbeer-Sorten im Garten wachsen.
Wer 'Jonkheer van Tets' pflanzt, pflückt in milden Lagen schon ab Mitte Juni saftige, rote Beeren. Finden obendrein 'Rovada' und 'Heinemanns Rote Spätlese' einen Platz, dauert die Johannisbeer-Saison bis Ende August. Milde Beeren zum Sofortessen reifen an 'Red Lake', 'Heros', 'Rovada', 'Rosalinn' oder den weißen Sorten 'Weiße Versailler' und 'Werdavia'.
'Heinemanns Rote Spätlese' und 'Rondom' (viel Vitamin-C) liefern dagegen eher säuerliche Früchte für Säfte oder Gelees.
In rauen Lagen gelingt es nur späten und robusten Sorten zuverlässig reiche Ernte zu bescheren: 'Rolan', 'Rotet', 'Rondom', 'Rovada', 'Rosetta' und 'Heinemanns Rote Spätlese' bringt so schnell kein Spätfrost und kein Regen um saftige Beeren.
'Red Lake' oder 'Rondom' biegen sich oft unter der Last ihrer Früchte. Ein Spalier gibt ihnen Halt.

Pflegekalender für Johannisbeeren

Frühling

- Vorsichtig reifen Kompost in die Erde einarbeiten.
- Eine Decke aus Stroh zu Füßen der Sträucher verzögert den Austrieb und damit Frostschäden.
- Sobald die Sträucher ausgetrieben haben, das Stroh durch eine Mulchdecke aus Rasenschnitt ersetzen.

Sommer

- Unkraut jäten, aber nicht hacken, denn Johannisbeeren sind Flachwurzler.
- Nach der Ernte überzählige und ältere Triebe (dunkles Holz) ausschneiden.
- Mulchdecke immer wieder mit Rasenschnitt auffrischen.

Herbst

- Mit Laub mulchen. Sehr weich und nahrhaft sind die Blätter von Obstbäumen.
- Falls im Spätherbst einige Knospen anschwellen, diese ausbrechen. In ihnen wohnen Gallmilben.

Winter

- Solange kein Frost herrscht: Schnitt nachholen.
- Bei schwachwüchsigen Sorten den Zuwachs dieses Jahres um ein Drittel einkürzen. Dadurch verzweigen sich die Äste stärker.

Was ist denn das?

- Kräuseln sich die Blätter, saugt die Johannisbeer-Blasenlaus von unten daran. Nur wenn der Befall sehr hoch ist, lohnt es, im Frühjahr Rapsöl zu spritzen, das die Eier schädigt.
- Normalerweise erfreuen sich Rote und Weiße Johannisbeeren bester Gesundheit. An vernachlässigten, hungrigen oder frostgeschädigten Sträuchern tritt gelegentlich die Rotpustelkrankheit auf. Aber wer alle Zweige mit roten Pickelchen auf der Rinde rasch entfernt, ist sie schnell wieder los.
- Hat der Glasflügler sich durch einige Triebe gefressen (die daraufhin im Sommer welken), hilft ebenfalls das Ausschneiden und Entsorgen.

Hochstämmchen ziehen

Rote und Weiße Johannisbeeren gedeihen sehr gut als Hochstämmchen. Sie nehmen in dieser Erziehungsform nur wenig Platz in Anspruch, und die Früchte lassen sich bequem im Stehen ernten.
Mehrere Hochstämmchen sollten mit 1,5 m Abstand voneinander gepflanzt werden. Sie müssen ihr Leben lang an einen Pfahl angebunden werden, damit der Wind sie nicht umknickt. Diese Stütze wird möglichst gleich bei der Pflanzung gesetzt. Pfähle aus Robinienholz halten besonders lange.
Die Krone von Hochstämmchen sollte jährlich geschnitten werden, damit sie nicht zu schwer wird und dadurch auseinanderbricht. Der beste Zeitpunkt dafür ist im Februar und März oder nach der Ernte im Sommer. Die Krone des Stämmchens soll immer nur 4–6 Triebe besitzen. Je älter diese sind, desto kleiner werden die Beeren daran. Man schneidet diese Äste ab und lässt dafür junge Triebe nachwachsen. So sorgt man für einen gleichbleibend hohen Ertrag und gute Fruchtqualität.
Bei guter Pflege haben Hochstämmchen eine Lebensdauer von 10–12 Jahren.

Schnitt für Schnitt

1 **Nach der Pflanzung:** Lassen Sie 3–4 kräftige, schräg aufrecht wachsende Triebe stehen. Sie sollten gut verteilt um den Stamm wachsen. Alle übrigen schneiden Sie heraus.

2 **Ein Jahr nach der Pflanzung:** Schneiden Sie kräftige Jungtriebe, die aus der Kronenmitte sprießen sowie Boden- und Stammtriebe dicht am Stamm weg.

3 **Bei starkem Wachstum** kürzen Sie zusätzlich die Haupttriebe ein. Auch Seitentriebe, die zu dicht stehen, nehmen Sie heraus. Setzen Sie die Schere oberhalb eines Aststummels mit einer Knospe an.

4 **Die erste Ernte:** Im folgenden Jahr sind an den zweijährigen Trieben Blüten und Früchte entstanden. Lassen Sie einen kräftigen Jungtrieb, der aus der Mitte der Krone wächst, stehen. Er wird in zwei Jahren einen alten abgetragenen Ast erstetzen. Alle anderen jungen Zweige werden herausgeschnitten. Boden- und Stammtriebe entfernt man nach wie vor regelmäßig.

Beeren-Ernte

Johannisbeeren reifen rund um den Johannitag (24. Juni). Die Ernte geht leichter von der Hand, wenn man ganze Trauben abschneidet, wäscht und dann die Einzelbeeren abstreift. Glücklicherweise halten reife Johannisbeeren am Strauch eine gute Woche und bewahren dort Aroma und Inhaltsstoffe besser als im Kühlschrank.

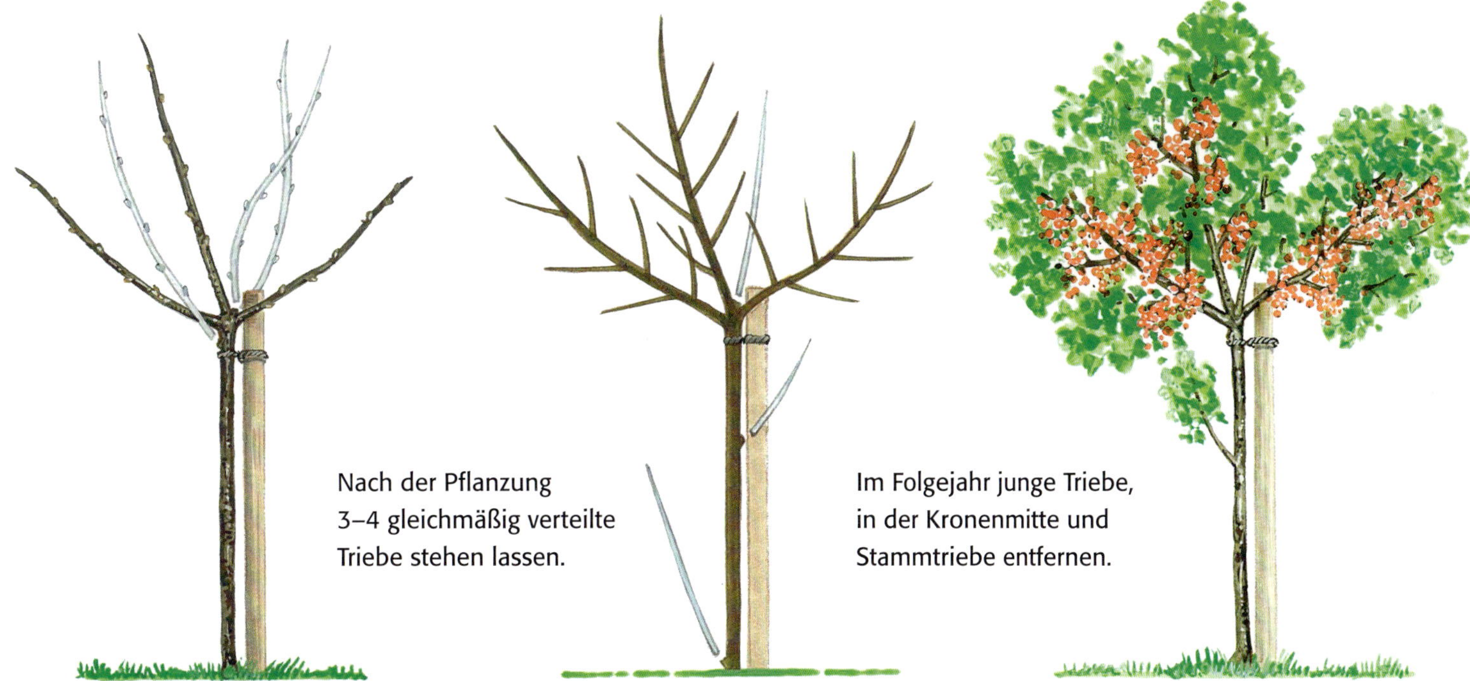

Nach der Pflanzung 3–4 gleichmäßig verteilte Triebe stehen lassen.

Im Folgejahr junge Triebe, in der Kronenmitte und Stammtriebe entfernen.

Mein kleiner Kräutergarten

Sie lieben Kräuter, aber haben wenig Platz? So bringen Gärtner trotzdem viel grüne Würze unter.

Gepflasterte Wege zu Purpur-Salbei, Thymian und Co. erleichtern die Ernte. Töpfe sind zugleich Blickfang und das ideale Heim für wuchernde Kräuter.

Wer regelmäßig mit Kräutern kocht, Tee aus ihnen bereitet, sie kosmetisch oder zum Heilen nutzt, hat sie im Garten gerne beisammen. Ein eigenes Beet nah am Haus hilft, die Favoriten stets griffbereit zu haben: Ein kleines Rund im Rasen, ein nach Süden erweiterter Ausläufer des Staudenbeetes oder eine duftende Kräuterecke neben der Terrasse können ein guter Anfang sein.
Doch oft platzen solche Flächen nach kurzer Zeit aus allen Nähten, sodass zumindest ein kleiner Kräutergarten her muss.
Auf der Suche nach dem geeigneten Platz gilt es, die Bedürfnisse der Kräuter und die eigenen in Einklang zu bringen: Kurze Wege vom Kochtopf zum Beet, das Ernten sauberen Fußes und das bequeme Pflücken von allen Seiten sind vielen Gärtnern wichtig. Aber was tun wenn der ideale Ort für Grün und Mensch gefunden, aber nur wenige Quadratmeter klein ist? Dann empfehlen sich klare, formale Konzepte. So unterstreichen streng geometrische Formen den wilden Mix unterschiedlicher Blattstrukturen, Blütenfarben und Wuchshöhen.
Sobald der äußere Rahmen geschaffen ist, stellt sich die wichtigste Frage: Wer darf Einzug im neuen Refugium halten? Im Zweifelsfall vor allem die, deren Blätter und Blüten Sie oft ernten. Andere, die womöglich nicht ganz so häufig gefragt sind, bleiben vorerst im Gemüse- oder Staudenbeet sowie in Töpfen: Dann können Sie sie nach Belieben umziehen und ihnen zu einem späteren Zeitpunkt immer noch Stammplätze anbieten, spätestens wenn das Beet vergrößert wird.

Welche Arten, welche Menge?

Von den klassischen Küchenkräutern wie **Petersilie**, **Schnittlauch**, **Kerbel** und **Kresse** sind als 4-köpfige Familie mindestens **2–4 Pflanzen** nötig.
Bei den mediterranen Würzkräutern wie **Thymian** und **Rosmarin** kommt man meist mit **1–2 Exemplaren** hin. Sobald man weiß, wie viele Kräuter einer Art gefragt sind, kümmert man sich um die Ansprüche der grünen Bewohner, um herauszufinden wer mit wem das Beet teilt.
Das ist gar nicht so schwer, da viele Kräuter nur das eine wollen: Sonnenplätze und Magerkost. Windgeschützte Süd- oder

Westlagen sind vor allem unter den mediterranen Zöglingen heiß begehrt.
Die Nachkommen vieler heimischer Wildkräuter wie Petersilie, Schnittlauch oder Minze vertragen eine Extra-Portion Dünger. Lockern Sie das Beet spatentief, setzen Sie der Erde reifen gesiebten Kompost zu und mischen Sie zusätzlich Hornspäne unter: etwa 1 Handvoll pro 10-Liter-Eimer sind ausreichend.
Haben sie die Beete entsprechend den Vorlieben ihrer künftigen Bewohner hergerichtet, können Sie Ihre Schützlinge pflanzen – in ausreichend großem Abstand zueinander.
Zuvor stellen Sie die Kräuter in Töpfen auf die Beete, um zu prüfen wie die unterschiedlichen Blattformen und -farben, Wuchshöhen und -formen zusammenpassen. Schließlich sind die grünen Aromaspender nicht nur wohltuend für Körper und Seele, sie sehen auch hübsch aus. Nur Mut: Rücken Sie ihre Schützlinge so lange umher, bis Ihnen das Bild gefällt. Generell gilt, die niedrigen Vertreter kommen in die vorderen Reihen, die Größeren finden weiter hinten ihren Platz.

Platz ist in jedem Garten

Wenn Sie keine Ecken mehr im Kräuterbeet frei haben, dürfen die Pflanzen auch im Gemüse-, Stauden- oder Steppenbeet Platz nehmen. Diese Kombinationen vertragen sich bestens:

- **Zu Gemüse:**
  Petersilie oder Basilikum zu Tomaten
  Dill oder Kümmel zu Kohl
  Dill oder Basilikum zu Gurken
  Kapuzinerkresse zu Stangenbohnen
  Kapuzinerkresse zu Kartoffeln
  Pfefferminze zu Brokkoli
  Pfefferminze zu Blumenkohl
  Kamille zu Sellerie
  Kamille zu Zwiebeln
  Majoran und Oregano zu Zwiebeln
- **Zu Stauden/Gehölzen:**
  Viele Staudenkräuter wie Estragon, Frauenmantel und Zitronenmelisse gedeihen beispielsweise gut zusammen mit Phlox und Rosen.
- **Zu Steppenbewohnern:**
  Mediterrane wie Rosmarin, Thymian und Oregano, die auch mit Magerkost zurechtkommen fühlen sich zwischen Steppenbewohnern wohl.

Kräuter und Gemüse in einem Beet? Zitronenmelisse, Schnittlauch, Ringelblumen und Salat beweisen, dass das geht.

Kräuterbeet Beispiel Nr. 1

Steine aus Klinker oder Ton speichern die Sonnenwärme des Tages und geben sie abends wieder an die Kräuter ab.
Maße: 1,80 m × 3,15 m
Wegbreite: innen etwa 20 cm, außen etwa 30 cm

- Beet-Rechteck abstecken: Schlagen Sie jeweils an den vier Eckpunkten Pflöcke ein, und spannen Sie dazwischen Schnüre. Abstand der Pflöcke an den Längsseiten: 3,15 m; Abstand entlang der Beetbreite: 1,80 m.
- Alle Ecken sind rechtwinklig, wenn beide Diagonalen gleich lang sind.
- Ziehen Sie die zwei Diagonalkreuze, indem Sie an beiden Längsseiten die halbe Beet-Länge abmessen und mit einem Stab markieren.
- Streuen Sie alle entstandenen Linien mit Sand nach und entfernen Sie Pflöcke und Schnüre.
- So pflastern Sie die Wege: den Boden 30–40 cm tief ausheben und bis auf Ziegelhöhe mit Kies füllen. Schließlich die Klinkersteine verlegen.

Pflanzliste

① Weinraute *(Ruta graveolens)*
② Rosmarin 'Veitshöchheim' *(Rosmarinus officinalis)*
③ Salbei 'Purpurascens' *(Salvia officinalis)*
④ Pontischer Beifuß *(Artemisia pontica)*
⑤ Melisse 'Aurea' *(Melissa officinalis)*
⑥ Oregano 'Aureum' *(Origanum onites)*
⑦ Italienische Strohblume *(Helichrysum italicum)*
⑧ Schnittlauch *(Allium schoenoprasum)*
⑨ Ysop *(Hyssopus officinalis)*
⑩ Rainfarn *(Tanacetum parthenium)*
⑪ Apfelminze *(Mentha × rotundifolia)*
⑫ Pfefferminze *(Mentha × piperita)*
⑬ Zitronenthymian 'Aureus' *(Thymus × citriodorus)*
⑭ + ⑮ Lavendel 'Rosea', 'Hidcote' *(Lavandula angustifolia)*

Das Kuchen-Beet

Die Wege verlaufen in diesem Kräuterbeet wie die Speichen eines Wagenrades, die Kräuter gedeihen in Kreis-Segmenten: die niedrigen außen, die hohen innen. Andersherum würde es jenen im Zentrum bald an Luft und Sonne mangeln. Für kleine Rondelle empfehlen sich kompakt wachsende Küchenkräuter wie Thymian, Oregano, Ysop, Petersilie, Schnittlauch und Tripmadam. In der Mitte darf ein einzelnes Kraut wie Borretsch, Fenchel, Engelwurz oder Alant oder ein Gemüse wie die Artischocke thronen. Auch eine Kombination mit Salaten ist denkbar.

1 Legen Sie zunächst den Mittelpunkt fest, schlagen Sie dort einen einen Stab ein.

2 Binden Sie eine mit Sand gefüllte Flasche an eine Schnur. Befestigen Sie die Schnur in der Länge des gewünschten Beet-Radius an dem Stab. Mit gespannter Schnur ziehen Sie einen Kreis um den Mittelpunkt, indem Sie die Flasche umdrehen und den Sand herausrieseln lassen.

3 Spannen Sie drei Schnüre quer über das Beet und teilen Sie es in sechs gleich große Segmente. Dazu müssen die Segmente einen Winkel von 60° aufspannen. Markieren Sie die Trennlinien ebenfalls mit Sand.

4 Mauern Sie die Ziegel im Rund und in den sechs Speichen zweilagig versetzt aufeinander und füllen Sie dann die Beete mit Erde.

Kräutergarten Beispiel Nr. 2

Dieses Stufen-Beet ist ein Klassiker. Im nahrhaften Boden oben wachsen Küchenkräuter, unten in magerer Erde nehmen die Würzkräuter Platz. Das Beet hat **2,5 m² Fläche** (je 1 m × 1,25 m) und versorgt eine **4-köpfige Familie** mit frischem Grün:

- In den Beeten gedeihen viel genutzte und beliebte Kräuter wie Salbei, Thymian, Schnittlauch und Zitronenmelisse.
- Frostempfindliche Pflanzen wie Lorbeer und Zitronenverbene wachsen in Töpfen, um bei Kälte ins Haus umzuziehen.
- Das Würzkräuter-Beet auf kiesigem Untergrund ist von etwa 40 Kalksandsteinen umrandet. Diese besitzen die Maße: 25 cm Länge × 15 cm Höhe × 10 cm Breite.
  Das Küchenkräuter-Beet ist 2 Stein-Lagen hoch und wird mit humoser Erde bis zum oberen Rand aufgefüllt.
- Ein Holzbrett auf dem Mauerrand dient als Sitzplatz. Außerdem lässt sich darauf bequem der Erntekorb abstellen.

Pflanzliste

- **Beet oben mit nahrhafter Erde:** Schnittlauch (4 Pfl.), Petersilie (4 Pfl.), Zitronenmelisse (2 Pfl.), Bärlauch (4 Pfl.), im Topf: Pfefferminze (3 Pfl.)
- **Beet unten mit magerer Erde:** Salbei (1 Pfl.), Bergbohnenkraut (1 Pfl.), Thymian (3–4 Pfl.), Oregano (2 Pfl.), Rosmarin (1–2 Pfl. im Topf), Lorbeer (1–2 Pfl. im Topf), Zitronenverbene (1 Pfl. im Topf)

Pflanzen heilen mit Kräutertees

Pflanzen helfen Pflanzen: Mit selbst hergestellten Mitteln aus Kräutern wehren Biogärtner Schädlinge und Krankheiten ab.

Warum werden manche Pflanzen kaum, andere häufig von Schädlingen und Krankheiten heimgesucht? Verantwortlich dafür sind unterschiedliche Inhaltsstoffe. Viele Pflanzen haben im Laufe ihrer Entwicklung Abwehrstoffe gebildet. Manche wirken abschreckend auf fressende und saugende Insekten wie Blattläuse, Raupen oder Erdflöhe. Andere töten krankmachende Mikroorganismen und Pilze ab oder hemmen deren Entwicklung. Aber auch die Krankheitserreger und Insekten erfanden Tricks, um die pflanzliche Abwehr zu umgehen. Sie passten sich im Laufe der Evolution einigen Pflanzen an. Diese angepassten Parasiten können in das Gewebe der Pflanzen eindringen. Jede Pflanze ist durch solche spezialisierten Feinde bedroht und braucht bei Angriffen Hilfe von außen. Brühen und Tees, die man aus verschiedenen Kräutern herstellt, sind im Biogarten bewährte Mittel.

Die Kräuter wirken auf verschiedene Weise. Beim Ackerschachtelhalm ist es vor allem der hohe Gehalt an Kieselsäure, die von den Pflanzen aufgenommen wird und das Zellgewebe festigt und härtet. Dies erschwert Pilzsporen das Einwachsen in das Blatt, und Schädlingen verdirbt das feste Pflanzengewebe ebenfalls den Appetit. Andere Pflanzen schrecken Insekten durch den intensiven Geruch ihrer ätherischen Öle ab. Brühen aus Holunderblättern oder Tomatentrieben sind typische Vertreter solcher Abwehrmittel.

Feinde abwehren

Manche Jauchen oder Brühen wirken ätzend und beißend auf Schädlinge aller Art. Außerdem gibt es pflanzliche Mittel, die Krankheitserreger schädigen. Zwiebeln, Knoblauch und Kapuzinerkresse etwa töten Bakterien ab.

Das Keimen von Pilzen, besonders von Echtem Mehltau, hemmen Knoblauch und Zwiebeln sowie das im Meerrettich enthaltene Senföl. Auch die ätherischen Öle der Schafgarbe, Kamille und Pfefferminze hindern Sporen am Keimen und Pilzfäden am Wachsen.

Um die pflanzlichen Abwehrstoffe aus den Kräutern herauszulösen, gibt es unterschiedliche Rezepturen: gärende Jauchen, Brühen, Tees oder Auszüge.

Gegen Blattläuse helfen Basilikum, Farnkraut, Wermut und viele andere Kräuter.

Diese Pflanzen helfen

Die meisten Kräuter-Extrakte wirken vorbeugend. Sie sollten soweit nicht anders angegeben immer bei bedecktem Himmel gesprüht werden, um Blattschäden zu vermeiden.

Ackerschachtelhalm-Brühe

Ackerschachtelhalm wächst auf Äckern, Wiesen und an Gräben vor allem an feuchten, verdichteten Stellen. Man sammelt das Kraut von Juni bis August, indem man die Wedel bodentief abschneidet.
1,5 kg frisches oder 200 g getrocknetes Kraut (Schachtelhalm-Schnitt oder -Pulver) in 10 Liter Wasser 24 Stunden lang einweichen, 1 Stunde kochen, zugedeckt abkühlen lassen, vor Gebrauch durchseihen.

1:5 bis 1:10 verdünnt

- vorbeugend gegen Rost, Schorf, Mehltau, Monilia, Kräuselkrankheit an Pfirsich, Braunfäule an Tomaten, Schwarzflecken, Blattfallkrankheit an Beerenobst, Sternrußtau an Rosen und anderen Pilzkrankheiten; möglichst an 3 Tagen hintereinander spritzen, öfter wiederholen.
- vorbeugend zur Stärkung von Obst und Gemüse monatlich sprühen.
- zur Bekämpfung von Spinnmilben an Obstbäumen und Gemüse; ausnahmsweise bei praller Sonne spritzen, an 3 Tagen hintereinander.
- zur Pflege und vorbeugenden Pilzbekämpfung bei Zimmerpflanzen: Pflanzen mit 1:10 verdünnter Brühe einmal monatlich überbrausen.
- zum Angießen von Pflanzen. Als Schutz gegen Pilzkrankheiten, die über den Boden übertragen werden (Umfallkrankheit): Setzlinge über Nacht in verdünnte Ackerschachtelhalm-Brühe stellen, anschließend pflanzen.

Unverdünnt oder 1:3 verdünnt:

- zum Spritzen von Obstbäumen und Beerensträuchern vor dem Austrieb.
- zum Anrühren eines streichfähigen Lehmbreis, um im Herbst die Stämme der Obstbäume und stärkeren Äste sowie alle Schnittwunden damit zu bestreichen.

Rainfarn-Brühe

Die gelben Blütenköpfchen im August sammeln. 30 g getrocknete Blüten in 1 Liter Wasser aufkochen.

- Bei Befall mit Rost und Mehltau die Brühe unverdünnt spritzen (Spritzungen im Sommer 1:3 verdünnen).
- Vorbeugend im Winter bzw. Frühjahr unverdünnt gegen Gallmilben an Schwarzen Johannisbeeren sprühen.
- Eine Mischung von Rainfarn (10 g auf 1 Liter) und Schachtelhalm (20 g auf 1 Liter) hat sich besonders gegen Blattläuse bewährt und wird manchmal der unangenehm riechenden Brennnessel (gärende Jauche) vorgezogen.

Kapuzinerkresse-Tee

Frisches Kraut (etwa 2 Hände voll) in ein Gefäß geben und mit kochendem Wasser übergießen, bis das Kraut knapp bedeckt ist, ¼ Stunde lang gut umrühren, abseihen und in einem geschlossenen Gefäß aufheben (Flasche).

- Wie Farnkraut-Extrakt verwenden.
- Außerdem zum Auswaschen und Desinfizieren von Krebswunden an Obstbäumen.

Ackerschachtelhalm

Rainfarn

Kapuzinerkresse

Basilikum-Tee

Aus getrocknetem Basilikum stellt man einen Tee her (2 Teelöffel auf 1/4 Liter Wasser).

- Gegen Spinnmilben und Blattläuse an Zimmer- und Kübelpflanzen: Pflanzen und Erde mit unverdünntem Tee besprühen.

Tomaten-Kaltwasser-Auszug

Ungefähr 2 Handvoll Tomatentriebe gut zerstampfen, in 2 Liter Wasser mindestens 2 Stunden lang ziehen lassen, dann abseihen und auspressen.

- Um Kohlweißlinge zu vertreiben unverdünnt zur Flugzeit des Falters täglich über die Kohlpflanzen sprühen.

Tomaten-Jauche

1 kg Geiztriebe (ausgebrochene Seitentriebe) zerkleinern und in 10 Liter kaltem Wasser verjauchen; 2 Wochen gären lassen, ab und zu umrühren.

- Um Kohlweißlinge fernzuhalten, während der Flugzeit von Mitte Juli bis Ende August 2 × wöchentlich die gefährdeten Kulturen mit 1:1 bis 1:5 verdünnter Jauche überbrausen.
- Um Kopfsalat vor Schnecken zu schützen, die Erde vorsichtig mit 1:1 verdünnter Jauche gießen, ohne die Blätter zu benetzen.

Knoblauch-Tee

Ungefähr 70 g Knoblauchzehen klein hacken und mit 1 Liter kochendem Wasser überbrühen.

- Gegen Erdbeer-, Brombeer- und andere pflanzenschädigende Milben siebenfach verdünnt auf Boden und Pflanze spritzen; 3 × im Abstand von 3 Tagen; der beste Zeitpunkt ist Anfang Mai. Die Spritzung nach der Ernte wiederholen.
- Gegen Pilzkrankheiten wie Kräuselkrankheit an Pfirsich, Grauschimmel an Erdbeeren; bei Befall mit unverdünntem Tee spritzen.
- Gegen Kraut- und Knollenfäule *(Phytophthora infestans)* an Kartoffeln und Tomaten; bei Befall 2 × wöchentlich mit unverdünntem Tee spritzen. Bewährt hat sich auch das Besprühen von einzulagernden Kartoffeln, die möglicherweise mit dem Pilz infiziert sind.

Zubereitungen

Tee

Da manche Inhaltsstoffe durch langes Kochen zerstört und durch einen Kaltwasser-Auszug nicht optimal herausgelöst werden, ist Tee für einige Kräuter eine gute Lösung. Man zerkleinert die Kräuter und übergießt sie mit kochendem Wasser. Einige Zeit zugedeckt ziehen lassen und abseihen.

Brühe

Brühen werden immer durch Abkochen hergestellt. Die Kochdauer hängt von Pflanzenart und Verwendungszweck ab. Anschließend lässt man die Brühe abkühlen, wobei der Topf stets bedeckt sein soll. Danach wird abgeseiht, und die Brühe ist gebrauchsfertig.

Kaltwasser-Auszug

Den Auszug setzt man an, um hitzeempfindliche Stoffe zu schützen. Die Kräuter werden in kaltem Wasser 24 Stunden bis 3 Tage lang eingeweicht. Im Gegensatz zur gärenden Jauche seiht man jedoch immer ab, bevor die Gärung eintritt.

Basilikum

Knoblauch

Tomaten

Eine Decke für das Bodenleben

Unter einer schützenden Mulchschicht bleibt der Boden lebendig und gleichmäßig feucht. Pflanzen, die dazwischen wurzeln, wachsen schnell und üppig.

Nirgends in der Natur bleibt fruchtbarer Boden lange nackt, entweder bedecken ein grüner Pflanzenpelz oder dicke Schichten aus Blättern und Humus die Erde. Gärtner ahmen das natürliche Geschehen nach, indem sie zwischen Gemüsereihen, Beerensträuchern und Stauden sowie unter Obstbäumen, Hecken und Ziergehölzen Mulch auslegen. Die Vorteile des Mulchens liegen klar auf der Hand:

Man sagt **1 × Mulchen erspart dem Gärtner 3 × Gießen**, denn geschlossener Boden verdunstet etwa ein Drittel weniger Wasser als offener. Eine Mulchschicht schützt auch vor starkem Regen. Sie dämpft den Aufprall von Regentropfen, die auf nacktem Boden die oberste Erdschicht zertrümmern und wegschwemmen. Mulchdecken aus nährstoffreichen Materialien »füttern« obendrein die fleißigen Bodenarbeiter. Die Mikroorganismen bauen die vertrocknenden Pflanzenteile langsam ab. Dabei werden Nährstoffe freigesetzt, die den Pflanzen sofort zur Verfügung stehen, und es wird Humus gebildet. Humus verbindet sich mit den Tonmineralen des Bodens zu fruchtbaren Bodenkrümeln. Die können Nährstoffe, Luft und Wasser besonders gut speichern.

Im Winter kühlt der Boden unter einer Decke nicht so stark aus, im Sommer bleibt er dagegen kühl und feucht. Diese ausgeglichenen Temperaturen kommen den Pflanzen zugute, denn ab etwa 25 °C fühlen sich ihre Wurzeln sehr unwohl. Besonders Clematis und Kletterpflanzen, die heiße Südwände begrünen, sind dankbar für eine kühlende Schicht auf dem Boden.

Hilfe gegen Unkraut

Eine dicke Mulchdecke unterdrückt auch Unkraut: Viele Wildkräutersamen keimen nur, wenn sie am Licht liegen. Wurzelunkräuter wie Quecke oder Giersch zwängen sich allerdings durch lockere Mulchschichten an die Sonne. Gegen diese sturen Gewächse helfen nur dicke Unkrautvliese, Mulchpapiere, biologisch abbaubare Mulchfolien oder dreifache Lagen aus braunem oder unbedrucktem Karton. Das geht allerdings nur auf leeren Beeten oder zwischen Gehölzen und Stauden.

Kartoffeln lieben es, in Beeten mit Rasenmulch zu wachsen. Die Halme verdunkeln den Boden, halten ihn frisch und liefern beim Verrotten Nährstoffe.

Mulchen schützt die Pflanzen außerdem vor Krankheiten und Schädlingen. Himbeeren, die in gemulchtem Boden wachsen, leiden zum Beispiel seltener an der Himbeerrutenkrankheit. Eine Mulchschicht verhindert auch, dass die Erde beim Gießen hochspritzt. So bleiben die Blätter von Tomaten oder Erdbeeren trocken, und Pilzkrankheiten breiten sich nicht so rasch aus. Mulch auf der Baumscheibe beugt dem Mehltau an Obstbäumen bis zu einem gewissen Grad vor.

Grundsätzlich sind Pflanzen, die in gleichmäßig feuchtem Boden wachsen widerstandsfähiger.

Rindenmulch unterdrückt Unkraut. Aber austreibende Stauden durchstoßen die Schicht mühelos.

Die Kehrseite des Mulchens

Schnecken verstecken sich leider nur zu gerne unter dem langsam vor sich hinwelkenden Material. Andererseits finden auch **Nützlinge wie Laufkäfer und Spinnen** in einer lockeren Mulchdecke Unterschlupf. Ganz frischer Mulch aus Unkräutern schmeckt **Schnecken** sogar so gut, dass sie die benachbarten Gemüsepflanzen wenigstens eine Nacht lang in Ruhe lassen. Aber schon am nächste Tag lockt der Duft von Verrottung weitere Schnecken aus der Umgebung an. Mulch aus stark riechenden Kräutern wie Adlerfarn, Oregano, Lavendel, Rainfarn, Liebstöckel oder Wermut schreckt die gefräßigen Feinschmecker etwas ab. Hundertprozentigen Schutz vor Zuwanderung bietet aber nur ein rundherum dicht verschlossener Schneckenzaun.

Beete mit Aussaaten und junge Setzlinge bleiben erst einmal ungemulcht – so lange, bis Stängel und Blätter fest genug sind, dass sie den Weichtieren nicht mehr schmecken.

In stark schneckengeplagten Gärten kann das bedeuten, dass zum Beispiel Beete mit zartem Kopfsalat besser gar nicht gemulcht werden.

Auch einige Schwächepilze (z. B. Grauschimmel) fühlen sich im warm-feuchten Klima einer Mulchdecke pudelwohl. Deshalb hält man rund um die Pflanzen immer einen Kranz von einigen Zentimetern mulchfrei. Auf diese Weise können Pilzfäden oder Pilzsporen weniger leicht auf die Blätter übersiedeln.

Letztlich gilt es von Fall zu Fall abzuwägen, auf welchen Beeten und zwischen welchen Pflanzen eine Mulchdecke hilfreich ist und wo man in manchen Monaten oder ganz auf sie verzichtet.

So fühlen sich Boden und Pflanzen wohl

- Das ganze Jahr über ist Mulchen günstig, nur im **Vorfrühling** sollte man den Mulch vorübergehend zur Seite harken, damit sich der Boden schneller erwärmt. Denn eine Mulchschicht isoliert wie ein Wintermantel, im Herbst hält sie die Erde noch lange warm, aber im Frühjahr konserviert sie die Kälte im Boden.
- Die Mulchdecke soll dick genug sein, damit sie das Unkraut unterdrückt, aber nicht so dick, dass keine Luft mehr in den Boden gelangt. Feiner Rasenschnitt bildet gern feste, wasserabweisende Platten und sollte deshalb nur in dünnen Schichten auf dem Beet landen, grobe Brennnesselblätter dürfen dagegen dick aufgetragen werden. Die **Stärke der Mulchschicht** hängt von der Menge der Niederschläge ab. Je höher diese ausfallen, desto dünner der Mulch, sonst fault das organische Material.
- Wenn es nach einer langen trockenen Zeit regnet, saugt sich zunächst die Mulchschicht voll, bevor das Wasser in den Boden gelangt. Bei weniger als 10 mm Niederschlag gelangt kaum etwas von dem wertvollen Nass an die Pflanzenwurzeln. Vor dem Mulchen wässert man deshalb die Beete durchdringend oder legt die schützende Schicht erst nach ergiebigen Regenfällen aus. In langen Trockenenperioden sollte man den Mulch wegharken, das **Beet wässern** (oder warten, bis es geregnet hat) und dann mit neuem Material mulchen.
- Unter Sträuchern, Hecken und zwischen Stauden schützt den Boden eine 5–7 cm dicke Schicht von **Rindenmulch**. Frische Rinden- oder Holzhäcksel sollten mindestens drei Monate lagern,

bevor sie als Mulch auf den Beeten verteilt werden, dann haben sich die Gerbstoffe, die in großen Mengen den Pflanzen schaden können, bereits etwas abgebaut. Will man dagegen Wege oder Plätze von Pflanzenwuchs frei halten, eignen sich die frischen gerbstoffhaltigen Häcksel und Rindenspäne umso besser.

- Nährstoffarme Materialien wie Holzhäcksel, Stroh oder Rindenmulch enthalten sehr **wenig Stickstoff**. Aber genau den brauchen die Bodenbakterien, um die toten Pflanzenteile verdauen zu können. Deshalb entziehen Sie dem Boden in der Umgebung den wichtigen Nährstoff. Dort fehlt er den Pflanzen, die ebenfalls darauf angewiesen sind.
Will man zwischen Staudenpflanzungen Rindenmulch verteilen, streut man daher etwa 50–80 g Hornspäne je Quadratmeter, bevor die Mulchdecke in einer Stärke von 5–7 cm aufgebracht wird.
So ist für alle Beteiligten genügend Stickstoff vorrätig.

Nährstoffreiche Mulch-Materialien

- Rasenschnitt
- grober Kompost
- Brennnesseln und Beinwellblätter
- gejätetes Unkraut, Heu

Nährstoffarme Materialien

- Hecken- und Gehölzschnitt
- Staudenstängel, Stroh
- Laub
- Rindenmulch

Die besten Mulchmaterialien im Biogarten

Mulchmaterial	Vorteile	Nachteile	Wo ausbringen?	Anmerkungen
Rasenschnitt	hält den Boden feucht, düngt sanft, führt Humus zu, hindert Samenunkräuter am Keimen	lockt Schnecken an; dicke Schichten verpilzen und versiegeln den Boden mit einer wasserabweisenden Schicht	Gemüsebeete, Beerensträucher, Obstbäume	erst ausbreiten und anwelken lassen, dann 3–4 cm dick ausstreuen; frischen Rasenschnitt höchstens 2 cm dick ausbringen
Beinwell, Brennnesselblätter, Ringelblumen, frisch gejätetes Unkraut	hält den Boden feucht, düngt leicht, führt Humus zu, unterdrückt Samenunkräuter	lockt Schnecken an	Gemüsebeete, Beerensträucher, Obstbäume	nur Pflanzen, die nicht blühen, sonst Samenverbreitung; 10 cm dicke Schichten möglich
Rindenhäcksel, Holzhäcksel	hält den Boden dunkel und feucht, 5–7 cm dicke Schichten unterdrücken Samen- und teilweise Wurzelunkräuter	bindet Stickstoff aus dem Boden, wirkt versauernd	zwischen Stauden, Ziergehölzen, unter Hecken, im Moorbeet	unter Baum- und Beerenobst nur nach vorheriger Düngung mit Hornspänen einsetzen
Stroh, Holzspäne	bedeckt den Boden, hält z. B. Erdbeerfrüchte trocken	bindet Stickstoff aus dem Boden	Erdbeerbeete	vor dem Ausbringen mit Hornspänen düngen
Stallmist	starke Düngung, führt dem Boden viel Humus zu, belebt das Bodenleben	lockt Gemüsefliegen an, die hochkonzentrierten Nährstoffe können ausgewaschen werden	auf leeren Gemüsebeeten, auf denen Starkzehrer wie Mais, Kopfkohl, Kartoffeln angebaut werden sollen	nur kompostierten, gut verrotteten Stallmist (mindestens 6 Monate gelagert) verwenden
Grünabfälle und Rohkompost	düngt den Boden und führt Humus zu, fördert das Bodenleben	nur für leere Beete geeignet, die nicht bestellt werden; lockt Schnecken an	Gemüsegarten, Brachland	klein gehäckselte Kompostmaterialien oder halb verrotteten Kompost
Gelochte Mulchfolie, Mulchvlies, Mulchpapier, Mulchmatten aus Kokosfaser	hält den Boden dunkel, feucht, wasserdurchlässig, unterdrückt Samen- und Wurzelunkräuter	am Rand eingraben oder mit Rindenmulch oder Kies gegen Wegfliegen bedecken	Gemüsegarten, Beerenobst, Obstbäume, Staudenbeet, Hecken, Wege	Es gibt aus Naturstoffen wie Maisstärke hergestellte Folien und Vliese

Bio-Dünger selbst gemacht

Düngejauchen aus Kräutern sind schnell angesetzt. Sie versorgen Gemüse, Obst und Blumen genau dann mit Nährstoffen, wenn die sie am dringendesten brauchen.

Wer reichlich Tomaten ernten will oder sich Kaskaden von Rosenblüten wünscht, muss düngen. Denn vor allem Pflanzen, die immer ihr Bestes geben, entziehen dem Boden viele Nährstoffe. Versiegt der Nachschub, kümmern die Gewächse, bekommen gelbe Blätter oder stoßen Knospen und Früchte ab.

Neben Kompost gehört Jauche zu den besten Düngern im Biogarten. Für Jauchen vergärt man frische Blätter, Rasenschnitt oder Kräuter zu flüssiger Pflanzennahrung. Indem Gärtner Grünabfälle verarbeiten und wieder verwenden, halten sie den Kreislauf von Wachsen und Welken, Nehmen und Geben aufrecht. Denn in Blättern und Stängeln stecken die Nährstoffe in der Zusammensetzung, wie sie Gewächse tatsächlich brauchen. Dünger zu kaufen erübrigt sich, wenn eine Tonne mit nahrhafter Jauche im Garten steht.

Wenn Biogärtner mit Kompost düngen, versorgen sie in erster Linie die Boden-Lebewesen. Diese verwerten die braune Erde und setzen dabei häppchenweise Nährstoffe und Spurenelemente frei.

Will man einen kräftigen Wachstumsschub erreichen, genügt Kompost allein nicht. Vor allem starkwüchsige Gewächse wie Tomaten, Herbstastern, Rosen und Sonnenblumen lechzen nach einer Sonderration, die ihnen Kompost nicht liefert.

Das alles steckt drin

In der Jauche sind alle Hauptnährstoffe weitestgehend gelöst, und die Pflanzen können ihren Hunger mit großen Schlucken und ohne Wartezeit stillen.

Der grüne Saft enthält meist besonders viel **Stickstoff**, der das Wachstum der Triebe und Blätter fördert und Baustein der vielen Eiweißverbindungen in den Pflanzenzellen ist. Jauche verfügt aber auch über reichlich **Kalium**. Dieser Nährstoff festigt das Pflanzengewebe und bewirkt, dass sich Wurzeln und Knollen richtig ausbilden. Gut mit Kalium versorgte Gemüse und Gehölze kommen über Trockenheit und Frost leichter hinweg. Ein ausgewogener Anteil **Phosphor** adelt die Jauche zum flüssigen Volldünger. Ohne Phosphor bilden Pflanzen weder Blüten noch Früchte.

Kräftige, gesunde Pflanzen sind keine Kinder des Zufalls. Jauchen haben sie mit allem versorgt, was sie zum Wachsen brauchen.

Anders als chemische Dünger, deren Nährstoffe ebenfalls gelöst an die Wurzeln gespült werden, haben Jauchen überdies einen enormen Wert für die Gesundheit von Böden und Pflanzen: Reichlich Schleimstoffe aus dem vergorenen Blattwerk, etwa von Beinwell verwöhnen die Mikroorganismen. Gelöste Kieselsäure sorgt für stabile Bodenkrümel und für feste Pflanzenzellen. In dem grünen Cocktail schwimmen zudem Enzyme, Hormone, Vitamine und Spurenelemente, die dem Boden und den Pflanzen zugute kommen. Ganz abgesehen davon lassen faserige Pflanzenreste, die nach dem Vergären übrig bleiben und ebenfalls ausgegossen werden, die Humusschicht anwachsen. Das widerum lockt zahlreiche Regenwürmer an, die den organischen Abfall zerkauen.

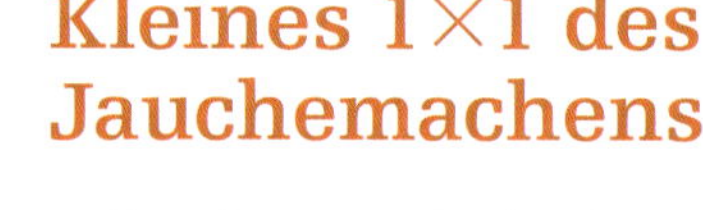

Kleines 1×1 des Jauchemachens

- Zum Ansetzen der Jauche verwendet man ein großes Holz- oder Kunststoff-Fass. Für kleinere Jauche-Mengen genügt auch ein Steingut-Topf oder Putzeimer.
- Metallkübel oder beschädigte Emaille-Gefäße eignen sich nicht, weil der Pflanzensaft diese angreift und ungünstige chemische Reaktionen stattfinden.
- Über die Öffnung legt man einen Holzrost oder Drahtgitter, damit keine Tiere hineinfallen. So kommt auch genügend Luft an die Jauche.
- Es hat sich bewährt, das Gefäß locker mit frischen Pflanzen zu füllen und mit Regenwasser oder abgestandenem Leitungswasser aufzugießen.
  Als Faustregel gilt: **1 kg frische Pflanzen pro 10 l Wasser**. Füllen Sie den Behälter nur bis 2 Handbreit unter den Rand, weil die Jauche ein Stück hochschäumt.
- Stellen Sie die Tonnen und Kübel in die Sonne. Bei warmem Wetter beginnt

Stickstoff, Kalium und Schleimstoffe: Das sind die Gründe, die für eine Jauche aus den Blättern des Beinwells sprechen. Vor allem Tomaten lieben diesen Dünger.

die Jauche, nach 1–2 Tagen zu gären. Nach 7–14 Tagen ist sie fertig. Ist es kühl, dauert es etwas länger.

- Rühren Sie mindestens einmal täglich mit einem langen Holzstab um, damit sich die Pflanzen einheitlich zersetzen.
- Die Jauche ist fertig, wenn sie eine dunkle Farbe angenommen hat und nicht mehr schäumt.

Verdünnt düngen

Jauche kann wie Medizin für den Garten wirken. Doch man sollte bedenken, dass es sich trotz pflanzlicher Inhaltsstoffe um einen konzentrierten Dünger handelt.
Wer sparsam damit umgeht, vermeidet, dass die Pflanzen ins Kraut schießen und ihre Triebe vergeilen. Denn aufgedunsenes Grün fängt sich schnell Schädlinge und Krankheiten ein.
Bohnen und Erbsen vertragen solch eine stickstoffreiche Kost nicht. Die Knöllchenbakterien an ihren Wurzeln filtern den Stickstoff lieber selbst aus der Luft. Auch Zwiebeln und Knoblauch nehmen die Völlerei eher übel. Die unterirdischen Speicherorgane faulen dann mehr als sie wachsen.
Eine kräftige, 1:10 bis 1:20 verdünnte Jauche sorgt vielmehr bei Stauden, Sellerie oder Kohl- und Kürbisgewächsen zweiwöchentlich gegossen für einen erneuten Wachstumsschub im Frühsommer und für anhaltenden Blüten- und Erntesegen.

Bitte nachspülen

Blätter und Blüten sollten möglichst keine Spritzer abbekommen, weil Jauchetropfen die zarten Pflanzenteile an heißen Tagen regelrecht verätzen können.
Es tut den Beeten gut, wenn man sie vor dem Düngen gießt oder wenn man abwartet, bis es geregnet hat. Ist die Erde feucht, versickert die Jauche schnell und gleichmäßig im Boden. So bekommen alle umliegenden Pflanzen ihre Nährstoffration ab. Außerdem wird die Jauche im Boden noch einmal etwas verdünnt, was einer Überdüngung vorbeugt.
Nach dem Düngen braust man nochmals über die Erde, um alle Nährstoffe tiefer in den Boden Richtung Wurzeln zu spülen. Dabei verpasst man Blättern und Stängeln eine kurze Dusche, um eventuelle Jauche-Tropfen abzuwaschen. Damit die Pflanzen rasch abtrocknen, gießt man die Jauche am besten morgens.

Schlauer Ansatz

- **Zerkleinert** man Blätter und Stängel, passt besonders viel Grüngut in die Tonne. Die Pflanzen zersetzen sich aber auch, wenn man sie im Ganzen untertaucht. Vor allem Brennnesseln und Beinwell lösen sich innerhalb kurzer Zeit in ihre Bestandteile auf.
- Wer **samentragende Unkräuter** verjaucht hat, sollte die Jauche unbedingt durch ein Tuch filtern, das auf einem Haushaltssieb liegt. Andernfalls landen keimfähige Samen auf den Beeten.
- Damit Jauche nicht zur Stinkerbrühe wird, streut man eine Handvoll Steinmehl über die Oberfläche, das den **Geruch** bindet. Auch das tägliche Umrühren bringt Sauerstoff in den Gärprozess, der den Fäulnisgeruch verringert. Trotzdem wird keiner gern am Jauchefass schnuppern – in den Beeten verfliegt der Geruch aber schnell.

Grob zerhackt und locker in das Gefäß geschichtet, vergären die Pflanzen innerhalb von ein bis zwei Wochen vollständig zu nahrhafter Jauche.

Diese Pflanzen haben das Zeug zum Dünger

Für selbst gemachten Dünger brauchen Sie nur in den Garten zu gehen und Ihre Wunsch-Zutaten zu zupfen, zu mähen oder abzusicheln. Ganz frisch geerntet und voller Saft kurbelt das Grüngut die Gärung schnell an.
Darf es etwas Brennnesseljauche sein? Oder ein Pflanzentrunk aus Ringelblumen? Wohin mit den Zwiebelschalen vom Chutney-Kochen? Oder wie wäre es mit einer eigenen Mischung aus Küchen- und Wildkräutern? Hier kommen die Basis-Rezepte für die Jaucheküche. Experimentieren erlaubt!

Starker Trunk aus Brennnesseln

So sehr sich die **Brennnessel** *(Urtica dioica)* mit ihren Blättern und Stängeln die meisten Menschen vom Leibe hält, so treu steht sie den Gärtnern seit jeher zur Seite. Brennnessel-Jauche ist der Rundum-Dünger für die meisten Gemüse, Blumen und Obstarten.
Sie enthält viel Stickstoff und Kalium, lässt die Pflanzen wachsen und Blattgrün bilden. Auf Boden und Gewächse wirkt sie ausgleichend und heilend, nicht nur, weil sie Regenwürmer geradezu magisch in die Beete lockt.
Für diese Jauche verarbeitet man am besten Pflanzen, bevor sie geblüht haben. Setzen Sie gleich eine größere Menge an, Sie werden sie im Laufe des Jahres brauchen. In ein 100-Liter-Fass passt Dünger aus 10 kg Brennnesseln.
Düngen Sie Tomaten, Kürbis und Kohl, Prachtstauden und Sonnenblumen zweiwöchentlich, 1:20 verdünnt.

Tomatensegen dank Beinwell

Vor allem die Engländer schwören auf **Comfrey**-Jauche. Die großen, weichen Blätter des Beinwells *(Symphytum officinale, S. asperum)* liefern reichlich Material für diesen stickstoff- und kalihaltigen Flüssigdünger. Die eiweißreiche Heilpflanze ergibt eine Jauche, die meist schon nach einer Woche gebrauchsfertig ist. Sellerie und Kohl wachsen dank Beinwell-Jauche wie wild.
Die mit Abstand größte Schwäche für diesen Trunk aber haben Tomaten. Genehmigen Sie ihnen wöchentlich einen halben Liter in der Verdünnung 1:20, bei Regenwetter 1:10. Dann bescheren die Pflanzen unter Garantie reiche Ernte.

Fenchel tut gut

Wenn der **Samenfenchel** *(Foeniculum vulgare)* ab Mai kräftig aufschießt, darf man gleich ein paar seiner Frühjahrstriebe brechen und daraus eine gute Jauche brauen. Diese düngt, und sie fördert und reguliert das Wachstum. Ergänzend zu Brennnessel- und Beinwelljauche in einer Verdünnung von 1:20 gießen.

Löwenzahn für schöne Früchte

Viel Stickstoff, Kalium, Eisen und reichlich eiweißhaltige Schleimstoffe bringen Blüten und Blätter des **Löwenzahns** *(Taraxacum)* in die Jauche-Küche. Verjauchen Sie 2 kg frische Blüten und Blätter in 10 l Regenwasser. Unverdünnt im Frühjahr und Herbst

Brennnessel

Fenchel

Löwenzahn

unter Obstbäume und Beerensträucher gegossen, fördert der Dünger das Wachstum und verbessert die Fruchtqualität.

Zwiebeln für mehr Widerstand

Fallen in der Küche größere Mengen **Zwiebelschalen** an, kann man daraus eine konzentrierte Jauche herstellen. Es genügt, ein kleineres Gefäß zur Hälfte zu füllen und mit Wasser aufzugießen. Wer will, sammelt über längere Zeit die Zwiebelreste in einem Eimer, bevor er eine größere Menge Jauche ansetzt. Damit sich der Geruch in Grenzen hält, gibt man schon von Beginn an immer wieder Steinmehl dazu. Zwiebeljauche verdünnen Sie im Verhältnis 1:10. Sie beugt nicht nur Pilzkrankheiten vor, sondern kräftigt auch die Pflanzen. Man kann sie auch mit Kräuterjauche vermischen.

Kamille und andere Kräuter

Mit ihrem hohen Gehalt an ätherischen Ölen ergibt die **Kamille** *(Matricaria recutica)* einen gesunden Trunk, der Gemüse und Stauden vor verschiedenen Boden- und Wurzelkrankheiten schützt.
Lassen Sie eine Handvoll getrocknete Kamille-Blüten 3–5 Tage in 1–2 l Wasser ziehen. Verdünnen Sie den Auszug im Verhältnis, 1:5 und gießen Sie Ihre Pflanzen 1- bis 2-mal pro Monat.
Auch andere **Kräuter** ergeben wirkungsvolle Jauchen. Egal ob Pfefferminze, Majoran oder Borretsch, alles, was Ihr Kräuterbeet entbehrt, können Sie in die Tonne geben, allein oder gemischt.
Frisch gejätet vergärt man auch **Wildkräuter** wie Ehrenpreis, Melde oder Hirtentäschel zu einem kräftigen Dünger. Achten Sie darauf, nur junge Pflanzen ohne Samen zu verwenden, weil die Körnchen nach einem Jauche-Bad umso keimfähiger werden. **Rasenschnitt** eignet sich ebenfalls, am besten mit etwas Brennnessel vermengt.
Diese Jauche rührt man so oft wie möglich um, damit die Halme immer wieder durcheinanderwirbeln. All diese Dünger mindestens 1:10 verdünnen und zweiwöchentlich gießen.

Was nach der Ernte übrig bleibt

Reste der **Roten Bete** vergären rasch zu einer schleimigen Jauche. Mit seinem hohen Kalium- und Eisengehalt hilft dieser Dünger jungen oder strapazierten Rasengräsern auf die Sprünge, vorausgesetzt Sie gießen die Jauche 1:10 verdünnt einmal wöchentlich über die ganze Fläche.
Tomatentriebe vom Ausbrechen oder ganze Tomatenpflanzen vergären zu einem Dünger, der Tomaten, Gurken, Kohl und Sellerie zu Höchstleistungen anspornt. Im Verhältnis 1:20 mit Wasser mischen und zweiwöchentlich düngen.
Die großen und kleinen Außenblätter von **Kohl** aller Art (Wirsing, Grünkohl, Spitzkohl, Blumenkohl, Kohlrabi) sind viel zu schade, um zu verwelken. Setzen Sie 3 kg Blätter in 10 l Wasser an. Kohljauche ist sehr nährstoffreich, enthält aber auch viele Schleimstoffe, Eiweiß und Vitamine. 1:20 verdünnt ist sie ein wahrer Gesundtrunk für Gurken, Kartoffeln, Kürbis und Tomaten.
Aber auch alle anderen Erntereste dürfen vom Gemüsebeet in die Jauche-Tonne wandern. Probieren Sie aus, welche Rezeptur Ihrem Garten am besten bekommt.

Zwiebel

Kamille

Rote Bete

Schöne Ringelblume

Das fröhliche Wesen der Ringelblume steckt auch Gärtner an. Aber in der Sonnenanbeterin schlummern weitere Talente.

Nicht nur Schwebfliegen machen gerne auf Ringelblumen-Blüten Rast. Auch viele andere Insekten sammeln den nahrhaften Pollen und süßen Nektar.

Ob trocken, ob feucht, ob vernachlässigt oder behütet – »die Ringelblume strahlt immer in der Sonne Licht«, wie Shakespeare bemerkte. Sie passt sich jedem Boden, jeder Witterung an und blüht zuverlässig, sobald sie etwa sechs Wochen alt ist, bis sie im Winter der Frost erstarren lässt.

Den guten Ruf verdankt die quirlige Sonnenanbeterin außerdem ihrer enormen Vielseitigkeit:

- Sie blüht monatelang ohne Pause,
- ist robust und pflegeleicht und
- sät sich selbst aus.
- Die Blüten liefern Pollen und Nektar.
- Sie halten lange in der Vase und
- sind heilkräftig. Als Salbe fördern sie die Wundheilung, Tee beruhigt Magen und Darm.
- Die jungen Blätter und orangefarbenen Zungenblüten peppen Mischsalate auf.
- Die Pflanze eignet sich als Mulch und Zutat für Düngerjauchen.
- Ihre Wurzeln geben Stoffe ab, die das Bodenleben günstig beeinflussen.

Die Ringelbume wächst und blüht am liebsten im Pulk. Gärtnern, die ihrer Kreativität freien Lauf lassen, ist die Schönheit vom Land deshalb manchmal etwas zu laut. Aber dezent eingesetzt – hier eine Pflanze, dort zwei oder drei – ist die Sommerblume auch zu leisen Tönen fähig.

Wenn man im Spätsommer auf abgeernteten Beeten ihre Samen verstreut, macht sie sich sogar nützlich. Bis zum Herbst bedeckt ein grüner Teppich den Boden und hilft ihm, gut über den Winter zu kommen. Ist der schneereich und eisig, erfriert die Blume, milde Winter übersteht sie und blüht dann zeitig im nächsten Jahr.

Die Wunderblume

»Die hat bestimmt der Himmel geschickt«, glaubten die Menschen früher, beeindruckt von der unbändigen Lebenskraft der Ringelblume. Kräuterkundige versuchten mit ihr Pest, Pocken oder Schlangenbisse zu heilen und böse Geister abzuwehren. Im 19. Jahrhundert galt die Ringelblume als Wunderblume gegen Krebs.

Als von Gott gesandtes Kraut säten die Menschen sie auf die Gräber ihrer Angehörigen, wo die Kirchhofpflanze zwischen den Toten und Lebenden vermitteln sollte. Ein besonders Geheimnis rankte sich um ihre Herkunft. In manchen Teilen Frankens sammelte man am Heiligen Abend Weckbrösele (Brötchen-Krümel), die optisch durchaus eine gewisse Ähnlichkeit mit den gebogenen *Calendula*-Samen haben. Man streute die Krümel auf die Beete, im festen Glauben, daraus würden im Frühjahr Ringelblumen sprießen.

Der Traum von einer Blumenwiese

Mit ein paar Arbeitsschritten und etwas Geduld wandelt sich eine grüne Wiese zum bunten, duftenden Blütenmeer. Bienen fliegen darauf.

Eine Blumenwiese ist pflegeleichter als Rasen, und das sogar auf magerem Boden. Sie belohnt uns mit einer Vielzahl blühender wilder Blumen vom zeitigen Frühjahr bis in den Herbst hinein. Ihr einziger Nachteil: Man sollte sie möglichst nicht betreten, schon gar nicht eine Decke darauf ausbreiten, denn dann wäre die Blumenpracht buchstäblich geknickt. Doch zum Hindurchgehen kann man mit dem Rasenmäher Schneisen freihalten, vielleicht sogar einen kleinen Platz für einen Tisch und vier Stühle oder eine Decke.

Vom Rasen zur Blumenwiese

Einfach den Rasen nicht mehr mähen und auch nicht düngen, auf dass es im nächsten Jahr üppig blühe, das funktioniert leider nicht. Die Grasnarbe des Rasens ist so dicht, dass sich darin kaum mehr Arten als Löwenzahn, Gänseblümchen oder Klee behaupten können. Wer einen Rasen in eine Blumenwiese verwandeln will, muss die Grasnarbe entfernen und jahrelang gedüngten Boden zusätzlich mit Sand oder Kies abmagern. Doch vielleicht reichen zunächst einmal eine Wieseninsel im Rasen oder ein Saum an der Rasenkante. Diese Flächen können Sie ja später spatenstichweise allmählich zugunsten der Blumenwiese verbreitern.

Das richtige Saatgut

Die kunterbunten Samenpackungen, wie sie in vielen Gartencentern angeboten werden, enthalten oft Saatgut von Blumen aus ganz Europa, von denen bei Weitem nicht alle im Garten gedeihen. Oft lässt ein hoher Anteil einjähriger Blumen die Wiese im ersten Jahr wunderschön bunt und üppig blühen, doch später setzen sich von den ausdauernden Wiesenstauden wenige starkwüchsige Arten wie Klee durch. Die meisten anderen bleiben auf der Strecke. Wählen Sie besser Saatgut von Fachfirmen für bestimmte Standorte wie Feuchtwiese, Magerwiese oder Schotterrasen. Sogar für nährstoffreiche Fettwiesen auf Flächen, die nicht abgemagert wurden, gibt es im Handel spezielle Samenmischungen.

Artenvielfalt, hier mit Kornblumen und Schafgarbe, zeichnet eine gute Blumenwiesenmischung aus.

Gut eignet sich auch auch das Saatgut einer in nächster Nähe Ihres Gartens gelegenen artenreichen Wiese. Besorgen Sie sich nach deren Mahd das Heu und breiten Sie es auf der vorbereiteten Fläche aus.

Wer sich durchsetzt, zeigt die Zeit

Gelingt die Wiesensaat, erhalten Sie eine bunte und artenreiche Wiese. Und mit diesem Blütenreichtum findet sich auch eine Vielfalt von Insekten ein, die sich am Pollen und Nektar der Blumen laben.

Im ersten Jahr nach der Aussaat wachsen und blühen auf der Wiese vor allem Ackerblumen wie Kornblume oder Mohn. Der Bewuchs ist noch locker – der richtige Zeitpunkt, um noch einmal wuchernde Unkräuter zu entfernen.

Ab dem zweiten Jahr etablieren sich jene Pflanzen, die zu Dauerbewohnern der Wiese werden. Ein Gleichgewicht zwischen Gräsern, Blumen und Kräutern pendelt sich ein. Welche das sind, bestimmen Klima und Bodenverhältnisse. Je nach Standort trifft man auf Margeriten, Glockenblumen, Hornklee, Salbei, Kuckuckslichtnelken und andere heimische Wildpflanzen.

Welche Arten sich auf einer Blumenwiese durchsetzen, entscheiden Boden und Wetter. Hier geben Hornklee, Margeriten und Esparsette den Ton an.

In 10 Schritten zur Blumenwiese

1 Um den für eine artenreiche Wiese meist zu fetten Boden abzumagern, bauen Sie erst einmal Kartoffeln an. Die entziehen der Erde viele Nährstoffe. Außerdem beschatten sie den Boden und beim Häufeln verschwindet zugleich das Unkraut.

2 Nach der Ernte der Frühkartoffeln können Sie die Blumenwiesensaat noch im selben Sommer ausbringen, nach Spätkartoffeln lassen Sie die Fläche bis zum nächsten Jahr brach liegen. Aufkeimendes Unkraut mit der Hacke entfernen.

3 Eine Blumenwiese können Sie von April bis Oktober anlegen. Genau wie beim Rasen wird die Fläche mit dem Rechen glattgezogen und dabei werden größere Steine und Erdklumpen entfernt.

4 Säen Sie gleichmäßig und dünn (1–2 g/m^2). Anschließend harken Sie die Samen leicht ein und walzen sie ab – auf kleinen Flächen können Sie die Saat auch mit unter die Füße geschnallten Brettern festtreten.

5 Bewässern Sie die Fläche schonend, damit Boden und Samen nicht weggeschwemmt werden, aber gründlich. Bis die Saat aufgegangen ist, sollte die Erde stets gleichmäßig feucht bleiben.

6 Sobald die meisten einjährigen Wildblumen und Ackerkräuter verblüht sind, wird zum ersten Mal gemäht. Das ist im Juni oder Juli der Fall. Entsorgen Sie die abgemähten Stängel auf dem Kompost.

Mit einer gut gedengelten und gewetzten Sense sind auch große Wiesen schnell gemäht. Die richtige Technik spart Kraft und schont den Rücken.

7 Die meisten Wiesen werden zweimal, sehr nährstoffreiche auch dreimal im Jahr gemäht, etwa im Juni, August und im Oktober. Eine Blumenwiese muss auf jeden Fall gemäht in den Winter gehen.

8 Am besten mäht man die Wiese mit einer Sense. Das haben zwar die wenigsten von uns gelernt, doch mit etwas Übung, hat man schnell seinen Rhythmus gefunden. Verschiedene Vereine bieten Sensenkurse für Einsteiger an. Aber auch ein leistungsstarker Balkenmäher wird mit hohen Blumenwiesen und großen Flächen fertig.

9 Das Mähgut lässt man liegen, wendet es mehrmals am Tag, bis es zu Heu getrocknet ist. Dann muss es abgeräumt werden. Als Mulch für den Gemüsegarten eignet sich das Heu nicht: Es enthält zu viele Samen.

10 Eine Blumenwiese verändert sich von Jahr zu Jahr. Wer sie jedes Jahr ungefähr zur gleichen Zeit mäht, erhält einen dauerhaften Bestand bestimmter Wiesenblumen. Die Blumenwiese bietet einen reich gedeckten Tisch für Honigbienen und Wildinsekten nahezu aller Art. Auch Vögel wie der Stiglitz laben sich an dem gereiften Samen.

Ein Heim für Biene, Wespe & Co

Heimische Insekten bestäuben Blüten, fressen Raupen oder gehen auf Blattlaus-Jagd. Nisthilfen und Winter-Wohnungen locken die Nützlinge in den Garten.

Nachts fressen Ohrwürmer Blattläuse, tagsüber verkriechen sie sich gerne in strohgefüllten Töpfen.

Biologischer Pflanzenschutz kann so einfach sein. Sie dürfen dabei die Hände in den Schoß legen und zusehen, wie unscheinbare Insekten es mit Blattläusen und schädlichen Raupen aufnehmen. Ihre Aufgabe: Machen Sie den Nützlingen ein Wohnungsangebot, dem sie nicht widerstehen können, bieten Sie ihnen blühende Beete an und lassen Sie die Tiere ansonsten in Ruhe.

Etwa 500 **Wildbienenarten** und noch mehr **Solitärwespenarten** leben in Mitteleuropa, und viele sind bedroht. Dass es immer weniger werden, stellt Pflanzen vor ein unlösbares Problem, denn vom Obst bis hin zum Fingerhut sind die meisten von ihnen auf die unermüdliche Bestäubungsarbeit der Tiere angewiesen.

Solitärwespen und ein Großteil der Wildbienen bilden keine Staaten, sie führen ein Einsiedlerdasein. Nach der Paarung sucht das Weibchen geeignete Hohlräume zur Eiablage. Manche Arten graben Höhlen im Boden, andere suchen passende Löcher und Ritzen. Wichtig ist, dass der Platz warm und trocken bleibt, andernfalls verpilzt der Pollenvorrat, den die Wildbiene für ihre Larven einlagert. Eine abwechslungsreiche Insektenwand aus angebohrten Holzklötzen, Schilfrohr, löchrigen Ziegelsteinen und Lehm hält für verschiedene Arten den richtigen Nistplatz bereit (siehe Bauanleitung Seite 108).

Einladung an Florfliegen

Florfliegen ernähren sich von Nektar, Pollen und Honigtau, während ihre Larven unter Blattläusen kräftig aufräumen. Kaum geschlüpft, gehen sie auf Beutezüge und räubern etwa zwei Wochen lang, bis sie sich verpuppen: Mehrere Hundert Läuse fallen ihnen zum Opfer.

Pro Jahr gibt es meist zwei Generationen, die jungen Florfliegen der Herbst-Generation suchen ab September ein geschütztes Winterdomizil. Sie verkriechen sich in Ritzen von Baumrinden oder Bretterwänden. Noch lieber und sicherer verbringen die Tiere die kalte Jahreszeit in einem Florfliegenkasten. Der bleibt ganzjährig draußen, muss nicht gereinigt werden und wird auch von Marienkäfern gerne zum Überwintern genutzt.

Insekten-Nistwand

Material

- Holzbalken für Ständer (2,10 m), Querverbindungen (2,0 m), Dach (je 0,65 m für Schrägen, 1,50 m für Querstreben)
- Bretter (2,40 m) fürs Dach, Folie, Schilfmatte; Flacheisen-Verbinder, Schrauben
- 2 Balkenschuhe, Beton, Schalungsbrettchen für die Punktfundamente
- Dünne Latten oder Stöcke (1,60 m) als Gerüst fürs Flechtwerk
- Daumendicke, elastische Weidenruten
- Löss oder eine sehr magere Mischung aus Lehm, Sand und fein gehäckseltem Stroh. Die Oberfläche der getrockneten Mischung muss sich mit dem Fingernagel abkratzen lassen.
- Bretter zum Abteilen von Kammern, Schilfrohr, angebohrte Hölzer

Bambushalme in der Dose

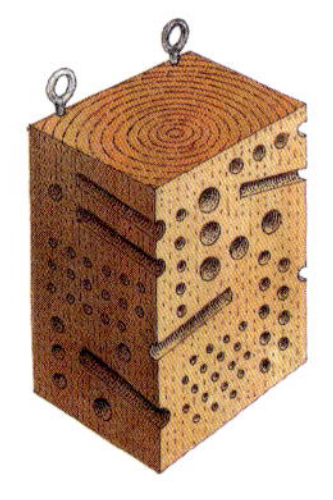

Nistholz für Insekten

Nistbündel mit Draht

So wird's gemacht

- Richten Sie die Insektenwand so aus, dass die Öffnungen der Nisthilfen nach Süden zeigen.
- Punktfundamente gießen, die Balkenschuhe so tief einbringen, dass der untere Querbalken 40 cm über dem Boden liegt.
- Den Rahmen, dann das Holzdach leicht schräg überstehend fertigen und abdichten.
- Beim Einflechten der Weidenruten diese an den Pfosten etwa 2 cm überstehen lassen.
- Die Lehmmischung von unten nach oben beidseitig in das Geflecht schmieren, antrocknen lassen. Lehm 20–25 cm stark auftragen.
- In den noch leicht feuchten Lehm drücken Sie mit einem Stöckchen kleine Vertiefungen (ca. 1 cm tief), die die Insekten animieren, dort ihr Nest zu beginnen. Zusätzlich können Sie mit Bleistiften oder Nägeln Brutröhren (5–8 mm Durchmesser) in den Lehm drücken. Dort nisten dann allerdings keine typischen Lehmbewohner, sondern andere wenig wählerische Hohlraumbewohner.
- In verschiedenen Holzrahmen schaffen Sie Platz für Nisthilfen aus Ziegel, Holz oder Schilf. Wichtig ist, dass Brutröhren nur eine Öffnung haben. Verschließen Sie Ziegelsteine und hohle Stängel auf einer Seite mit Lehm.
- Ein Sand-Lehm-Haufen am Fuß der Insektenwand lädt ebenfalls zum Nisten ein. Hummeln, Kröten und andere Wildtiere suchen Unterschlupf in einem Haufen Gehölzschnitt unter dem Rahmen.
- Mobile Nisthilfen (siehe links) bringen Sie am besten an besonnten Plätzen am Haus, an der Pergola, an Bäumen oder entlang von Zäunen an.

Florfliegen-Kasten

Material

- Massiv- oder Pressholzplatten (1,5–2 cm dick)
- Dach: 40 × 40 cm
- Rückwand: 34 × 25 cm
- 2 Seitenwände: 30 cm breit (eine Seite ist 25 cm hoch, die andere etwas höher, damit das Dach eine leichte Schräge erhält)
- 11 Lamellen: 30 × 6–7 cm (1 cm starkes Holz)
- 1 Pfosten, 6 cm dick;

Holzschrauben; Nägel; rote, umweltfreundliche Farbe; Gerstenstroh, Weizenstroh, Laub, Heu oder natürliches Verpackungsmaterial; Maschendraht

Streichen Sie den Florfliegenkasten rot an. Die Tiere lieben diesen Farbton.

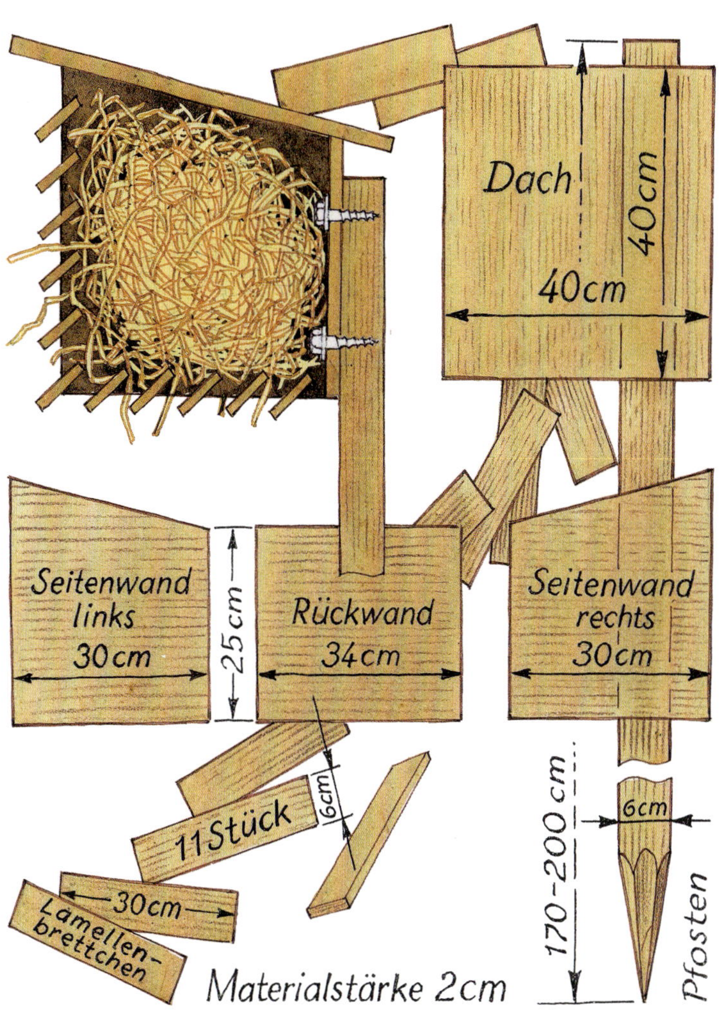

So wird's gemacht

- Die Seitenwände mit Rückwand und Dach zusammennageln, sodass keine Spalten bleiben.
- Die Kanten und Flächen sorgfältig abschleifen.
- Die Florfliegen gelangen von unten und von der Seite in den Kasten: Schieben Sie deshalb die Lamellen im Abstand von 2–3 cm, um etwa 45 Grad geneigt, zwischen die Seitenwände und nageln Sie sie fest.
- Streichen Sie das fertige Quartier mit roter Farbe an, danach befestigen Sie es an dem Pfosten.
- Drücken Sie das Stroh oder anderes Füllmaterial im Kasten fest zusammen, weil die Tiere den Kasten bei starker Luftbewegung verlassen.

Schöne Beete im Schatten

Fast jeder Garten hat seine Schattenseiten. Mit den richtigen Pflanzen kommen auch die ganz groß raus.

Lichtarme Ecken sind eine Herausforderung an den Gärtner – denn dort ist es nicht nur dunkel, sondern auch noch feucht und kühl. Kein idealer Platz also für farbenfrohe Prachtstauden, dauerblühende Sommerblumen, mediterrane Kräuter und für all die anderen Pflanzen, die gern im warmen Sonnenlicht baden. Doch das ist kein Grund zur Traurigkeit: Was sonnige Beete an Blütenreichtum zu bieten haben, machen Schattenplätze mit ihrer ganz besonderen Atmosphäre wett. Tanzende Sonnenkringel auf Laub und Boden, das faszinierende Spiel von Licht und Schatten, subtile Blütenfarben und Blattmuster: Im sanften und ruhigen Dämmerlicht gibt es nicht nur für Romantiker viel zu entdecken. Die verwunschene, zauberhafte Stimmung färbt auf fast alle ab. Und wie sehr genießen wir doch an heißen Sommertagen die erfrischende Kühle im Zwielicht.
Damit sind wir zum Glück nicht allein. Erstaunlich viele Pflanzen, vom Gehölz bis zum winzigen Bodendecker, führen sichtlich gern ein Schattendasein – und helfen uns dabei, die wunden Punkte des Gartens in eine grüne Idylle zu verwandeln.

Tiefer Schatten, auch **Vollschatten** genannt, herrscht vor hohen Nordwänden, in engen Innenhöfen oder unter Kronen von Nadelbäumen. Dort, wo kein Sonnenstrahl bis zum Boden vordringt, fällt selbst grünen Spezialisten das Leben schwer. Solche Plätze sind ein Fall für Lilientraube *(Liriope muscari)*, Immergrün *(Vinca minor)*, Schaumblüte *(Tiarella)* und Salomonssiegel *(Polygonatum multiflorum)*. Aber auch einige Farne und Gräser, wie Wald-Segge und Wald-Marbel, sorgen für Abwechslung im Zwielicht.

Pflanzen fürs Dunkel

Pflanzflächen, die rund 4–5 Stunden täglich der Sonne ausgesetzt sind und den Rest des Tages im Dämmerlicht liegen, befinden sich im **Halbschatten**. In diesen Bereichen – etwa am Gehölzrand – kann man herrlich vielseitige Pflanzungen anlegen. Vor allem, wenn die Blumen morgens und nachmittags Sonnenschein genießen und während der heißen Mittagszeit vor direkter Einstrahlung geschützt sind. Typische Halbschatten-Bewohner sind Eisenhut und Fingerhut, Bergenie und verschiedene Primeln.

Dekorative Blätter ziehen die ganze Saison lang die Blicke auf sich – besonders, wenn sie auffällig panaschiert sind. In Weiß, Silbergrau, Creme und Gelb gerandet, gestreift oder gesprenkelt, fangen sie Sonnenstrahlen ein.

Lichter Schatten, auch Streuschatten genannt, herrscht unter den lichtdurchlässigen Kronen hoher Laubbäume – wenn sich Sonnenstrahlen und kurze Schattenzeiten ständig miteinander abwechseln. Unter einer bewachsenen Pergola oder einem Laubengang trifft man ebenfalls auf das typische Licht-Schatten-Geflirr, das Akelei, Astilbe, Gemswurz, Mädesüß, Lungenkraut, Schild- und Schaublatt so lieben.
Unter Bäumen lässt sich Gras nur schwer ansiedeln. Und so kommt es, dass der Rasen dort stets schütter und stark von Moos durchsetzt ist. Außerdem erweist sich das Mähen dort als ziemlich mühsam – der großen Wurzeln wegen. Wie wäre es stattdessen mit einem Waldgarten nach britischem Vorbild? Ein humoser, leicht feuchter Boden bildet die Grundlage für die üppige Vegetation, die aus Waldregionen rund um den Erdball stammt und sich mit den Schattenbewohnern unserer Breiten bestens verträgt.

Variante Waldgarten

Zu den Frühaufstehern im Waldgarten gehören die Zwiebelblumen. Die meisten öffnen schon die Knospen, bevor die sommergrünen Bäume und Sträucher mit ihren Blättern den Boden beschatten.
Andere, wie das im Mai blühende Hasenglöckchen, kommen auch mit Dämmerlicht zurecht – genau wie die zahlreichen Farne, die eine zauberhafte Urweltstimmung im Schattenreich verbreiten und jedem Nachbarn eine sattgrüne Kulisse geben.
Massen von kleinen Bodendeckern weben unermüdlich an dichten grünen Teppichen, aus denen schließlich die höheren Stauden hervortauchen. Die sorgen – wie etwa das Greiskraut *(Ligularia przewalskii)* mit eleganten gelben Blütenkerzen und die in Weiß, Rosa und Purpurrot blühende Prachtspiere *(Astilbe)* – für leuchtende bunte Töne im Blätter-Dschungel.
Das besonders große und auffällige Laubwerk von Funkie, Schau- und Schildblatt bildet dazwischen attraktive Ruhepole: mal in Grün, in Blau oder in Silbergrau, mal einfarbig oder gemustert.

5 gute Gründe für Schatten

1 Schattenplätze sind relativ pflegeleicht: Häufiges Gießen in der Sommerhitze entfällt, weil der Boden nicht so rasch austrocknet. Außerdem sorgen schattenliebende Bodendecker dafür, dass sich das Unkrautjäten in Grenzen hält.

2 Elfenblume, Silberkerze und filigrane Farne: Es gibt einen ganzen Schatz an dekorativen Waldbewohnern, der im Garten nirgendwo sonst gedeiht.

3 Brennt die Sommersonne heiß vom Himmel, welkt die Blumenpracht auf den Rabatten rasch. Im Schatten hingegen leben Blüten länger.

4 Ruhiges Dämmerlicht weckt in vielen Menschen ein Gefühl der Geborgenheit – besonders, wenn sie sich unter einem schützenden Blätterdach aufhalten.

5 Ein Sitzplatz im Garten ist gut, mehrere sind besser! Dann kann man in der Morgensonne frühstücken und bei Hitze in den Schatten flüchten.

Waldgarten-Besucher betreten das schattige Idyll am besten auf einem weichen, mit Rindenmulch bestreuten Waldweg, der hinter jeder Kurve mit einer neuen Überraschung aufwartet: einer dekorativen Wurzel, einem bemoosten Findling vielleicht? Oder etwa eine neue, besonders schöne Blüte? So wird der Gang durch den Garten zum Ausflug in einen Märchenwald.

So kommt Leben in die Dunkelheit

- **Auslichtungsschnitt:** Oft hilft schon ein gezieltes Auslichten schattenwerfender Gehölze, um die Lichtverhältnisse entscheidend zu verbessern. Die Kunst dabei: einzelne Äste aus der Krone zu entfernen, ohne den natürlichen Wuchs der Bäume zu verändern.
- **Wasser:** Das feuchte Nass bereichert den Garten durch eine artenreiche Tierwelt und bietet Lebensraum für besondere Pflanzen. Halbschattige Ecken sind für kleine Gartenteiche sogar besonders zu empfehlen, weil sich das Algenwachstum dort in Grenzen hält.
- **Blickfang:** Wo gar nichts wachsen will, könnte ein dekoratives Gartenornament, etwa eine Statue oder eine Säule, das Dämmerlicht beleben.
- **Farbe:** Hell angestrichene Mauern wirken als optische Aufheller. Und selbst ein weißes Sitzmöbel lässt dunkle Stellen freundlicher erscheinen. Doch nicht nur ein Topf Farbe kann so einiges bewirken – auch eine helle Kiesfläche, silbrig oder golden glitzernde Glaskugeln und ein Spiegel an der Wand helfen beim trickreichen Einfangen von Licht.

Sonderfall trockener Schatten

Auch der Boden des Schattenplatzes spielt eine Rolle bei der Wahl passender Pflanzen. Richtig schwierig wird es immer dann, wenn Schatten mit Trockenheit kombiniert ist. Vielleicht, weil das Beet unter dem Dachvorsprung eines Gebäudes liegt oder weil flachwurzelnde Bäume dem Boden Wasser und Nährstoffe entziehen. Solche Flächen im Bedarfsfall kräftig zu wässern, ist oft schon der halbe Erfolg. Für den Rest sorgen Überlebenskünstler wie Gelber Lerchensporn *(Pseudofumaria lutea)*, Geißbart *(Aruncus dioicus)*, Gemeiner Wurmfarn *(Dryopteris filix-mas)*, Japan-Segge *(Carex morrowii)*, Gold-Erdbeere *(Waldsteinia fragarioides)*, Beinwell *(Symphytum azureum)*, Astilbe *(Astilbe chinensis* var. *pumila)* und einige Storchschnäbel.

Funkien und Farne sind die Klassiker im Schattenbeet.

Üppige Blüten für den Hochsommer

Hortensien verbreiten den Charme alter Bauerngärten und verzaubern jeden Schattenplatz. Robuste Sorten blühen auch nach strengen Wintern zuverlässig.

Hortensien muntern halbschattige und schattige Ecken auf. An der Wand dieses Schuppens hangelt sich eine Kletterhortensie empor, davor wächst eine Bauernhortensie.

Wer jemals in England war, wird sie kaum vergessen – die mannshohen Hortensien-Hecken voller Blütenbälle in Rot, Rosa, Blau oder Weiß. Was dort so üppig wächst, sind Bauernhortensien, die ab Mai auch bei uns in Baumschulen und Gärtnereien zum Verkauf stehen. Sie werden allerdings manchmal als Zimmerpflanzen angeboten. In Gegenden mit kühlen, feuchten Sommern und milden Wintern fühlen sich die Bauern- oder Ballhortensien fast so wohl wie in ihrer ostasiatischen Heimat. Aber auch im stärker kontinental geprägten Klima, das mit frostigen Wintern von sich reden macht, braucht man die stattlichen Sträucher nicht lebenslänglich in Töpfe einzusperren. Sie heißen ja deshalb Bauernhortensien, weil sie ihre Blütenbälle früher oft neben Stockrosen, Dahlien und Pfingstrosen im Bauerngarten zur Schau stellen durften.

Haben die stets durstigen Sträucher genug Wasser, vertragen sie auch Morgen- und Abendsonne. Wohler fühlen sie sich allerdings im Halbschatten oder im lichten Schatten höherer Laubbäume. Ihre Kunststücke mit bunten Bällen führen sie von Juli bis September auf, und sie trösten damit Gärtner über die blütenarme Zeit des Hochsommers hinweg. Nahezu unentbehrlich machen sie sich, wenn sie die schattige Seite einer Gartenlaube und andere vergessene Gartenecken auffrischen dürfen.

Kein Frust nach Frost

Lange Zeit haben es die Bauernhortensien ihren Fans allerdings gar nicht so leicht gemacht, sie als Gartensträucher ins Herz zu schließen. Denn die Blütenknospen für das kommende Jahr legen sie bereits im August/September an. Deshalb darf man die Sträucher nur vorsichtig auslichten – bei einem kräftigen Rückschnitt sind die Blütenanlagen verloren. Da Hortensien aber in kalten Wintern zurückfrieren, kamen sie oft nicht dazu, ihre Blüten-Künste vorzuführen. Man kann sich mit **besonders robusten Bauernhortensien** behelfen wie: 'Bouquet Rose', 'Générale Vicomtesse de Vibraye', 'Mme. Emile Moullière', 'Otaksa', 'You and Me Romance'. **'Lanarth White'** ist die einzige kältefeste Kandidatin mit **tellerförmigen Blütendolden.**

Eichenblatthortensie

Bauernhortensie 'You and Me Romance'

Bauernhortensie 'Marie Claire'

Seit einigen Jahren gibt es neue Züchtungen, die auch nach einem arktischen Winter reichlich blühen. Die Sorten tragen die Begriffe »Endless-Summer« oder »Everbloom« im Namen.
Diese robusten und kältefesten Hortensien blühen nicht nur an älteren Zweigen, sondern auch an den neuen Trieben. Nachdem ein Zweig etwa sechs Wochen lang gewachsen ist und sich einige Blattpaare entfaltet haben, erscheinen bereits die ersten Blütenknospen. Falscher Rückschnitt oder Frost? Kein Problem, die Blütenfreude dieser Sorten ist nicht zu bremsen.
Früher sah man in den Gärten fast nur Bauernhortensien mit den typischen großen Blütenbällen. Heute gibt es viele Sorten mit tellerförmigen Blütendolden, die natürlich und filigran wirken.
Große Scheinblüten umgeben als Kranz viele kleine, oft anders gefärbte echte Blütchen in der Mitte der Dolde. Man nennt sie im Englischen »Lace-caps«, was übersetzt Spitzenhäubchen heißt. Bei anderen Neuzüchtungen, zum Beispiel den **'You and Me'-Sorten**, lassen gefüllte Einzelblüten die Dolden wie kleine Feuerwerke aussehen. Bei so vielen wunderbaren Jonglierkünstlern unter den Hortensien wünscht man sich fast einen Waldgarten, damit möglichst viele einen guten Platz darin finden.

Die schönen Schwestern

Zumal es ja weit mehr Mitglieder in der Sippe der Hortensien gibt, die schummrige Gartenecken mit ihren Blüten aufleuchten lassen. **Japanische Tellerhortensien** vertragen mehr Schatten und mehr Frost als die klassischen Bauernhortensien. Ihre Blütendolden ähneln denen der Spitzenhäubchen-Hortensien. Sie bleiben aber meist niedriger als diese.

Als besonders robust und blütensicher haben sich **Schneeball- und Rispenhortensien** erwiesen. Sie blühen an ihren frisch gebildeten Zweigen. Deshalb spielt es keine Rolle, ob der Mensch oder eventuell der Frost sie gestutzt hat. Sie blühen dann etwas später als ungeschnitten, dafür aber umso üppiger. Während ältere Sorten weiß oder cremefarbig blühen, gibt es heute neue Züchtungen mit zart rosafarbigen Blüten, die im Verblühen erröten, wenn im Herbst die Nächte kühl werden.

Keine Blume stirbt schöner …

… schrieb der berühmte Staudengärtner Karl Foerster über die Hortensie. Lassen Sie die abgeblühten Hortensien-Dolden an der Pflanze stehen, sie trocknen langsam und erhalten ihre morbide Schönheit bis in den Winter hinein. Mit Reif überzogen geben sie noch ein letztes romantisches Schauspiel. Aber auch in Türkränzen oder Blumensträußen bewahren die trockenen Hortensienblüten lange Haltung, während sie langsam verblassen.

Samthortensie

Der Blütenfreude von Eichenblatt-Hortensien sowie 'You and Me'-Sorten kann Frost nichts anhaben. Einige Bauernhortensien verlieren in strengen Wintern jedoch ihre Knospen. Samthortensien schadet Kälte nur, wenn der Boden zu nährstoffreich ist.

Die besten Hortensien für den Garten

Art	Wuchs	Blütenfarben	Blütenform	Blütezeit	Standort	Boden	Winter
Bauern-hortensie *(Hydrangea macrophylla)*	bis 2 m hoch und 1,50 m breit	weiß, rosa, rot, violett, blau	ballförmig oder tellerförmig	Ende Juni oder Juli bis September	hell, aber nicht sonnig bis halbschattig	sauer, lehmig-humos, feucht, wasserdurch-lässig	Frosthärte ist unterschiedlich, je nach Sorte
Teller-hortensie, Japanische Hortensie *(H. serrata)*	breitbuschig, bis 1 m hoch und 1,50 m breit	weiß, rosa, rot, violett, blau; in der Mitte dunkler als am Rand	tellerförmig	Juni oder Juli bis Anfang September	halbschattig	sauer, lehmig-humos, feucht, gut wasser-durchlässig	frosthart, winterfester als Bauern-hortensien
Schneeball-, Waldhortensie *(H. arbores-cens)*	2–2,50 m hoch und breit	cremeweiß, im Verblühen zart hellgrün	ballförmig, groß und dicht gefüllt	Juli bis September	sonnig bis schattig	humos, frisch, gut wasser-durchlässig	sehr winterfest
Rispen-hortensie *(H. paniculata)*	je nach Sorte bis 3 m hoch und breit	weiß, im Ver-blühen rosa	länglich rispen-förmig, dicht gefüllt	Juli bis September	sonnig bis halbschattig	humos, alle Böden bis auf sehr schwere	gut winterhart, blüht auch nach Zurück-frieren
Samthortensie *(H. aspera* ssp. *sargentina)*	bis 2,50 m hoch, 3 m breit, samtige Blätter	hellviolett, in der Mitte dunkler als am Rand	tellerförmig mit wenigen Randblüten	Juli bis August	halbschattig, vertragen Sonne für kurze Zeit	humos, sauer, feucht, wasser-durchlässig	frostfest, wenn Boden nicht zu nährstoffreich
Eichenblatt-hortensie *(H. quercifolia)*	bis 2 m hoch und breit, Laub wie Eichen	weiß, im Ver-blühen oft rosa	rispenförmig, locker gefüllt	Juli bis August	halbschattig bis schattig	feucht, humos, sauer, nahrhaft, durchlässig	frostfest

Herbst

Das Gartenjahr ist noch lange nicht vorbei. Jetzt werden Pflaumen geschüttelt, Äpfel gepflückt und Kürbisse eingelagert. Auf dem Staudenbeet geben die Herbstanemonen ihre Aufführung.

Jedem Garten seinen Apfelbaum

Viele Gründe sprechen für einen eigenen Apfelbaum: Er ist pflegeleicht, sieht zu jeder Jahreszeit schön aus und liefert köstliche Früchte, die man in keinem Supermarkt kaufen kann.

Was ist ein Gärtnerleben ohne Hausbaum? Apfelbäume übernehmen diese Rolle gerne und spielen sie gut – auch auf kleinen Grundstücken.

Wer Platz sparen möchte, entscheidet sich für Buschbäume oder Apfelspindeln: Diese Bäumchen werden auf schwach wachsende Unterlagen veredelt. Bereits im zweiten Standjahr hängen Früchte in ihren Zweigen. Und sogar Kinder brauchen höchstens einen Hocker, um das Lieblings-Obst zu pflücken. Spindelbüsche pflanzt man am Zaun zum Nachbarn, als Sicht- und Windschutz an der Terrasse oder als Trennwand zwischen einzelne Gartenräume. Wer will, erzieht die Bäumchen an einem Spalier. Hoch- und Halbstämme wurzeln allerdings besser nur dort, wo sie sich ausbreiten können und ihre großen Kronen nirgendwo anecken. Wenn ein Apfelbaum blüht, aber später keine Früchte trägt, sind entweder die Blüten erfroren oder sie wurden nicht richtig bestäubt. Aus den Blüten entstehen nämlich nur Früchte, wenn der Pollen einer fremden Sorte auf ihrer Narbe landet. Bienen, Hummeln und andere Insekten schleppen den Pollen von bis zu 200 Meter weit entfernten Bäumen herbei. Doch je näher die zweite Sorte steht, desto sicherer ist die Bestäubung und desto mehr Blüten setzen Früchte an.

Fruchtet der Apfelbaum nur widerwillig, obwohl eine zweite Sorte an seiner Seite wächst, ist meist das Wetter schuld an den leeren Erntekörben. Denn Bienen kriechen erst ab 12–15 °C aus ihrem Nest. Am liebsten halten sie bei Sonnenschein nach Pollen und Nektar Ausschau.

Sorten über Sorten

Gärtner, die planen einen Apfelbaum zu pflanzen, können zwischen zahlreichen Sorten wählen. Vor allem alte Sorten stehen wieder hoch im Kurs, denn viele Menschen verknüpfen mit ihnen schöne Kindheitserinnerungen.

Bis vor 50 Jahren standen Sorten wie **'Schöner aus Bath'**, **'Klarapfel'**, **'Jakob Fischer'**, **'Freiherr von Berlepsch'** oder **'Roter Boskoop'** in vielen Gärten und versorgten ihre Besitzer von Mitte Juli bis in den nächsten Mai ('Boskoop') hinein mit

Winteräpfel halten im kühlen Lager bis zum nächsten Frühling – vorausgesetzt sie liegen luftig und faule Früchte werden regelmäßig aussortiert.

'Roter Boskoop'

'Roter Berlepsch'

'Klarapfel'

Diese alten Apfelsorten findet man in keinem Supermarkt. Sie pflückt man am besten im eigenen Garten.

Äpfeln zum Roh-Essen, Kochen, Backen, Braten. Je nachdem wie groß die Familie und der Garten war, ergänzten meist noch weitere Sorten das Apfel-Sortiment: etwa der fein säuerliche, schmelzend zarte **'Cox Orange'**, die weichfleischige, säurearme **'Landsberger Renette'**, der saftig aromatische **'Krügers Dickstiel'** oder der böhmische **'Himbeerapfel'** mit seinem intensiven Aroma. Viele der alten Sorten gibt es wieder als junge Bäumchen zu kaufen – ein Besuch in der Baumschule lohnt.

Der **'Schöne aus Bath'** reift in warmen Lagen bereits Mitte Juli. **'Jakob Fischer'** ist der klassische Spätsommerapfel zum Gleichessen oder Backen. Die säuerlichen Sorten **'Freiherr von Berlepsch'** und **‚Roter Berlepsch'** enthalten besonders viel Vitamin C. Die **'Rote Sternrenette'** kennen manche Menschen als Weihnachtsapfel. Als Christbaumschmuck noch nicht aus China kam, zierten ihre roten Äpfelchen den Weihnachtsbaum.

Als Bratapfel oder als Kuchenbelag ist der **'Rote Boskoop'** ideal, denn das feste Fruchtfleisch zerfällt nicht. Der Vitamin-C-haltige, säuerliche Apfel ist auch ein begehrter Winterapfel zum Roh-Essen.

Gut gepflanzt

Die beste Zeit einen Obstbaum zu pflanzen, ist von **Spätherbst bis Vorfrühling**, vorausgesetzt der Boden ist nicht gefroren. Die Wurzeln eines Gehölzes ohne Erdballen (wurzelnackt) dürfen nie austrocknen. Sobald der Baum im Garten angekommen ist, stellen Sie ihn deshalb mindestens ein bis zwei Stunden lang mit den Wurzeln in einen Eimer Wasser. Bis der Baum gepflanzt wird, wartet er im Wassereimer an einem schattigen Platz.

Obstbäume wurzeln mehr in die Breite als in die Tiefe, daher hebt man die Pflanzgrube mindestens **80 × 80 cm** breit aus. Die Grube muss nur einen Spatenstich tief sein. Danach lockern Sie den Boden der Pflanzgrube mit der Grabegabel. Wer zwei bis vier Hände voll spurenelementreiches Lava- oder Basaltmehl in die Sohle der Pflanzgrube einarbeitet, schickt sein Bäumchen gut versorgt an den Start.

Verletzte Wurzeln schneidet man bis in die gesunden Teile zurück. Setzen Sie den Baum so tief, dass die **Veredelungsstelle** über der Bodenoberfläche liegt. Nun füllen Sie so viel mit Kompost verbesserten Erdaushub ein, bis die Wurzeln zur Hälfte bedeckt sind. Wässern Sie, damit sich die Erde um die Wurzeln schmiegt, erst dann schaufeln Sie die Grube ganz voll: Der Baum soll am Ende etwas zu hoch stehen, denn die Erde sackt noch in sich zusammen und zieht den Baum mit nach unten. Gießen Sie noch einmal gründlich.

Beim **Pflanzschnitt** bleiben der Mitteltrieb und drei starke Leittriebe stehen. Sie sollen in einem möglichst stumpfen Winkel am Stamm entspringen. Dann die Leittriebe um die Hälfte bis zwei Drittel einkürzen. Der Mitteltrieb wird so geschnitten, dass er die drei Leitäste etwa handbreit überragt.

Reif für die Ernte

Die meisten Apfelsorten haben zwei Reifezeiten: die **Pflückreife** und die **Genussreife**. Die Pflück- oder Baumreife bestimmt, wann die Früchte bereit sind, ihren Ast loszulassen. Bis der Apfel richtig gut schmeckt, vergehen je nach Sorte mehrere Wochen bis Monate. Während dieser Nachreife im Lager läuft der Stoffwechsel auf Hochtouren: Das harte Fruchtfleisch wird weich und saftiger, außerdem entwickelt sich erst dann das typische Aroma. Nur Sommeräpfel wie der 'Klarapfel' oder 'Delbarestivale' können direkt vom Baum gegessen werden.

Der optimale Erntetermin für Äpfel hängt von der Sorte, den regionalen Gegebenheiten und vor allem vom Klima ab. Wann er gekommen ist, verrät der **Kipp-Test**: Lösen sich die Früchte auch dann nicht vom Baum, wenn man sie um 90 Grad anhebt, brauchen sie noch eine Weile. Denn während der Reife bildet sich zwischen Ast und Stiel eine Bruchstelle.

Wie lange die Äpfel im Lager durchhalten, hängt vom Pflücktermin ab. Er beeinflusst außerdem, wie aromatisch die Früchte schmecken, wie weich das Fruchtfleisch wird und wie viel Vitamin C sie enthalten. Halbreif geerntete Früchte schrumpfen im Lager, sie reifen nicht nach und entwickeln nicht ihr sortentypisches Aroma.

Die Veredelungsstelle muss über der Erdoberfläche liegen (links). Spalier-Äpfel bleiben schlank (rechts).

Apfelkiste selbst gebaut

Herbst- und Winteräpfel verlieren auch nach mehreren Monaten nicht an Geschmack. Viele Sorten entfalten sogar erst nach einigen Wochen im Lagerkeller ihr volles Aroma. Die besten Bedingungen herrschen bei 4 °C auf luftigen Holzgittern. Äpfel möglichst mit dem Stiel nach unten lagern: Fäulnis breitet sich meist vom Kelch her aus und befallene Früchte können schnell aussortiert werden.

Lagerkisten sind mit wenigen Handgriffen selbst gezimmert:

- 4 Bretter 30 cm × 7 cm × 1 cm
- 2 Bretter 50 cm × 7 cm × 1 cm
- 4 Bretter 20 cm × 5 cm × 1 cm
- 8 Leisten 49 cm × ca. 2 cm × 1,5 cm
- 2 Leisten 30 cm × ca. 2 cm × 1,5 cm

1 Aus den 50-cm-Brettern und zwei 30-cm-Brettern einen »Griff« aussägen und mit Sandpapier glatt schleifen.

2 Die Stirn-Seiten aus je 2 30-cm- und 20-cm-Brettern zusammenschrauben.

3 Kistenrahmen mit den 50-cm-Brettern und den Stirn-Seiten fertigstellen.

4 Aus den 8 Leisten ein gleichmäßiges Bodengitter schrauben oder nageln. Die unteren Gitterlatten rechts und links außen 1 cm herausragen lassen.

5 Das Gitter in den Rahmen schieben.

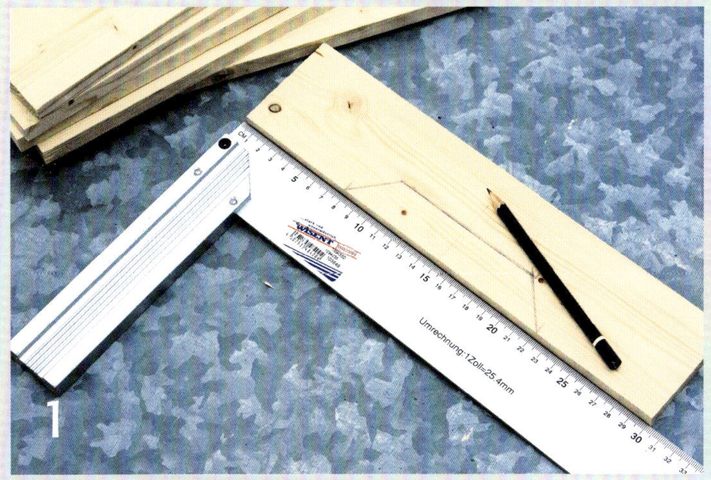

Stapelweise gute Äpfel

In diesen luftigen Kisten aus unbehandeltem Holz lassen sich die Äpfel bequem und nach Sorten getrennt lagern. Stapelt man mehrere Kisten übereinander, hat man die Ernte stets im Blick, erkennt kranke Früchte schnell und kann sie rechtzeitig aussortieren.

Erntezeit im Pflaumenbaum

Gute Nachrichten für Pflaumen-Freunde. Ob Zwetschgen, Echte Pflaumen oder Mirabellen: Alle sind hausgartentauglich und pflegeleicht.

Zwetschgen, Pflaumen, Mirabellen, Renekloden – sie alle gehören zur Familie der Pflaumen. Form, Farbe und die Konsistenz des Fruchtfleischs entscheiden, wer in welche Kategorie fällt. Aber die Grenzen verschwimmen.

Die ersten Pflaumen reifen auf der Südseite des Baumes, zunächst die am Kronenrand, dann die im Inneren. Deshalb pflücken Gärtner ihre Früchte von Süden nach Norden und von außen nach innen. Der beste Erntetermin ist vormittags, wenn Sonne und Wind die Pflaumen schon getrocknet, Wespen aber noch nicht Kurs auf den Baum genommen haben. Und noch eine wichtige Info für Pflaumen-Pflücker: Die Reifschicht auf manchen Sorten heißt Duftfilm. Sie schützt die Frucht vor dem Austrocknen, und man kann sie mitessen.

Pflaume oder Zwetschge?

Wo genau eine Echte Pflaume aufhört und eine Zwetschge beginnt, vermag niemand mehr zu sagen. Inzwischen gibt es zu viele Kreuzungen, die sich nicht eindeutig zuordnen lassen. Letztlich sind sie alle Pflaumen. Wer es trotzdem genauer versuchen möchte: Ein paar Hinweise gibt es.

Echte Pflaumen sind rund bis oval, ihre Enden stumpf. Ihr saftiges Fruchtfleisch löst sich schwer vom Stein. Frisch vom Baum schmecken sie köstlich, zum Einmachen oder für den Kuchen enthalten sie jedoch zu viel Wasser.

Zwetschgen laufen an den Enden mehr oder weniger spitz zu. Das feste Fruchtfleisch enthält viel Zucker, wenig Wasser. Weil sie weder matschig werden noch leicht schimmeln, eignen sie sich hervorragend als Kuchenbelag und zum Einkochen, Dörren oder Einfrieren. Obendrein fällt der Kern fast von alleine ab. Übrigens: Laut Duden ist die Schreibweise Zwetschge und Zwetsche erlaubt – und die österreichische Zwetschke.

Mirabellen sind kaum größer als Kirschen, kugelrund und leuchtend gelb. Sie schmecken fruchtig süß, am besten frisch vom Baum. Was danach noch übrig bleibt, lässt sich gut zu Mus und Kompott verarbeiten oder trocknen.

Renekloden sind große, runde Pflaumen in Grün, Gelb, Rot oder Violett. Ihr saftiges aromatisches Fruchtfleisch schmeckt roh am besten, lässt sich aber auch zu Mus einkochen. Ihren ungewöhnlichen Namen verdanken die Früchte der französischen Königin Claudia (Reine Claude), die im 15./16. Jahrhundert lebte.

'Tipala'

'Große grüne Reneklode'

'Königin Viktoria'

'Mirabelle von Nancy'

Alte und neue Sorten

Welche Sorte soll ich bloß pflanzen? Diese Frage stellte sich nicht, als noch jeder Landstrich seine eigenen Pflaumensorten hatte, die dem regionalen Klima bestens gewachsen waren. Heute führen Baumschulen viele dieser alten Sorten bundesweit, hinzu kommen zahlreiche neue. Deren Hauptmerkmal ist, dass sie widerstandsfähig sind gegenüber dem gefürchteten Scharkavirus. Moderne Pflaumen tragen Namen wie 'Hanita', 'Tipala' oder 'Jojo'.
Letzere gilt sogar als vollkommen scharkaresistent. Und »neue Sorte« heißt keineswegs automatisch »wenig Geschmack«. Dennoch stehen alt und neu nicht in Konkurrenz zueinander. Denn in vielen Gegenden tritt das Virus so selten auf, dass dort selbst anfällige Sorten wie die sehr aromatische 'Hauszwetschge' kerngesunde Früchte tragen. Außerdem halten auch viele alte Sorten der Krankheit gut stand, etwa 'Mirabelle von Nancy', 'Bühler Frühzwetschge', 'Große grüne Reneklode' oder die gelbe 'Ontariopflaume'.
Allein der Geschmack entscheidet also beim Baumkauf – und, ob man die Früchte lieber frisch vom Baum, als Mus oder auf dem Kuchen isst.

Pflaumen in der Praxis

- Pflaumenbäume sind genügsam, nur auf **Sonne** bestehen sie. Der Boden sollte **ausreichend feucht**, muss aber nicht sehr tiefgründig sein. Wer jährlich im März eine dünne Schicht reifen Kompost auf der Baumscheibe verteilt, sorgt für genügend Nährstoffe.
- Manche Sorten sind **selbstfruchtbar**, viele benötigen jedoch eine **zweite Sorte** in der Nähe, um Früchte anzusetzen. Echte Pflaumen, Zwetschgen, Mirabellen und Renekloden können sich gegenseitig bestäuben.
- Die **Blutpflaume** *(P. cerasifera)* liefert ebenfalls geeigneten Pollen. Unabhängig sind die 'Bühler Frühzwetschge', 'Hauszwetschge', 'Mirabelle von Nancy', 'The Czar' und 'Ouillins Reneklode'. Sie bescheren auch ohne Partner reiche Ernte. Eine weitere Alternative zum Zweitbaum ist der Mehrsortenbaum, auf dessen Stamm verschiedene Pflaumen veredelt sind.
- In Hausgärten pflanzt man meist Sorten auf **mittelstark wachsenden Unterlagen**: Weit verbreitet ist St. Julien 655/2. Mit sehr sandigen Böden kommen jedoch Kirschpflaumen-Sämlinge (Myrobalane, *P. cerasifera)* besser zurecht.

Ihr Nachteil: Abhängig von der Sorte können diese Bäume sehr groß und ausladend werden.

- Tragen Pflaumen in einigen Jahren weniger als in anderen, liegt das meist an **Spätfrösten** und **nasskaltem Wetter** im Frühling. Darunter leiden die Blüten und erfrieren. Obendrein fliegen bei Regen weniger Bienen, die die Bäume bestäuben könnten.
- Ob die Pflaumen reif sind, verrät der **Fingertest**: Die Früchte müssen leicht nachgeben, wenn man sie zusammendrückt. Außerdem ist das Fruchtfleisch der meisten Sorten zur Reife kräftig gelb.

Von Raupen, Viren und Pilzen

Der einzige Grund, warum viele doch nicht herzhaft in eine Pflaume beißen, heißt **Pflaumenwickler**. Die Raupen des Falters fressen sich durch das Fruchtfleisch und hinterlassen dunkle Kotkrümel. Damit keine Raupen im Boden überwintern, sammelt man alles Fallobst auf. Außerdem verlockt ein Stamm-Gürtel aus Wellpappe die Raupen sich darin zu verpuppen. Im Herbst entsorgt man die Pappe samt Puppen.
Sind Pflaumen zunächst unregelmäßig gefleckt und sinken dann an einigen Stellen narbenähnlich ein, hat das **Scharkavirus** einen Eingang gefunden. Die Krankheit kann zu großen Ernteeinbußen führen und muss in professionellen Anbauregionen dem Pflanzenschutzamt gemeldet werden. Meist übertragen Blattläuse das Virus, manchmal auch infizierte Edelreiser.
In feuchten Sommern hat der **Monilia-Pilz** leichtes Spiel. Je mehr Regen fällt, desto schneller quellen die Pflaumen am Baum auf. Oft so schnell, dass die Fruchthaut hauchdünne Risse bekommt, durch die der Pilz eindringt. Auch andere Verletzungen öffnen ihm Tür und Tor. Befallene Früchte sind zunächst grau getupft vom Flaum der Sporenlager. Viele trocknen anschließend ein und bleiben als Fruchtmumien jahrelang im Baum hängen – als Quelle für neue Infektionen. Deshalb gilt: Alle kranken Pflaumen pflücken und aufsammeln.

Gesund mit Pflaumen

Dass Pflaumen – vor allem getrocknete – der Verdauung helfen, ist bekannt. Das liegt an dem vielen Pektin, einem Ballaststoff, der den Darm auf Touren bringt. Dörrpflaumen wirken am besten, wenn man zusätzlich ein Glas Wasser trinkt.
Die Früchte enthalten außerdem Kalium, das den Wasserhaushalt ausgleicht und somit den Blutdruck reguliert. Dank vieler B-Vitamine gelten frische Pflaumen als Fitmacher und Nervennahrung: die ideale Verpflegung bei Prüfungen. Nicht zu vergessen der hohe Gehalt des Augen- und Hautvitamins Provitamin A.
Vor allem in dunklen Schalen stecken obendrein reichlich Biophenole. Sie wirken als Antioxidantien, die gefährliche freie Radikale unschädlich machen. Freie Radikale gelten als Auslöser verschiedener Krebserkrankungen.
Die meisten gesunden Inhaltsstoffe lagern Pflaumen ein, wenn sie vollständig am Baum ausreifen dürfen. Deshalb ist die eigene Ernte die gesündeste, denn für den Handel werden die Früchte oft ein paar Tage zu früh gepflückt – damit sie Transportwege und den Aufenthalt im Supermarkt möglichst lange durchstehen.
Dörrpflaumen: Zum Trocknen eignen sich am besten spätreifende Zwetschgen. Breiten Sie die entsteinten, halbierten Früchte auf einem mit Backpapier belegten Rost aus. Trocknen Sie sie innerhalb von 5–10 Stunden bei 50–60 °C in einem Umluftherd (zuvor mit dem Thermometer testen). Temperaturen über 60 °C zerstören die Zellen, bei unter 30 °C dörren die Früchte zu langsam und schimmeln.

5 gute Gründe für Pflaumen

1 Es gibt kaum einen Garten, der nicht pflaumentauglich wäre. Kein anderer Obstbaum passt sich unterschiedlichen Bedingungen so bereitwillig an wie die Pflaume.

2 Mit versetzt reifenden Sorten kann man die Pflaumenernte von Juli bis Oktober ausdehnen. Den Anfang machen z. B. 'Cacacs Frühe' und 'Bühler Frühzwetschge', zuletzt reifen 'Hauszwetschge' und 'Anna Späth'.

3 Weil die Früchte eines Baumes nach und nach reifen, muss man Pflaumen nicht alle auf einmal pflücken und verarbeiten, sondern kann sie Portion für Portion genießen.

4 Pflaumenbäume müssen nicht regelmäßig geschnitten werden. Wer gelegentlich auslichtet und steil nach oben wachsende Äste entfernt, tut genug für eine reiche Ernte.

5 Pflaumen verträgt – im Gegensatz zu Äpfeln – fast jeder. Sie zählen zu den Obstarten, auf die nur sehr wenige Menschen allergisch reagieren.

Weintrauben frisch vom Stock

Mit eigenen Reben wachsen einem saftige Trauben direkt in den Mund – genau wie im Schlaraffenland.

Die Heilkraft des roten Herbstlaubs von blauen Traubensorten ist seit langem bekannt. Darin enthaltene Wirkstoffe stärken die Venen und schützen sie vor Entzündungen.

Rebsorten »zahllos wie Sand in der Wüste« gibt es im römischen Reich, schreibt Vergil (70–19 v. Chr.). Die Römer verwandelten zwar Südwest-Deutschland in eine Weinregion, die ersten Winzer waren sie allerdings nicht. Erstmals kelterten vor etwa 8000 Jahren antike Stämme in der Gegend des heutigen Iran Trauben aus eigenem Anbau. Schätzungsweise bis zu 10 000 Rebsorten wurden weltweit bis heute gezüchtet.
Gärtner interessieren sich weniger für die Keltersorten, sie bevorzugen Tafeltrauben. Diese früh reifenden Rebsorten tragen große, saftige Beeren mit dünner Schale. Neue robuste und gesunde Sorten, einige davon sogar kernlos, machen den Anbau von eigenen Tafeltrauben auch außerhalb von Weinbauregionen attraktiv.
In kühleren Gegenden wächst der Wein am besten an einer nach Süden zeigenden Hauswand. Die Wand wirkt als Wärmespeicher und schützt die Pflanze im Winter vor starkem Frost. Im Sommer bekommen die Trauben dort genügend Sonne und Wärme, um Aroma und Süße zu entwickeln.
Alle Reben sind veredelt und damit gegen den größten Schädling im Weinbau, die Reblaus, resistent. Starkwachsende Unterlagen verleihen der Rebe genügend Wuchskraft, damit sie Wände und Spaliere innerhalb kurzer Zeit berankt.

Weinstock pflanzen

Pflanz-Saison für Weinreben ist im Herbst, in rauen Lagen im Frühling. Im Pflanzloch (das mindestens einen halben Meter tief und breit sein sollte) herrscht strenge Diät, denn bei zu viel Dünger faulen die Wurzeln. Etwas Steinmehl oder gut abgelagerter Kompost dürfen aber mit dem Aushub in die Grube. Die Veredlung muss 3–5 cm über der Erde liegen, andernfalls treibt das Oberteil Wurzeln und der Stock wird anfällig für Schädlinge oder Krankheiten. Der Abstand zur Hauswand sollte 20–30 cm betragen.
Im 1. Jahr wächst die Rebe und bildet einen stabilen Stamm. Ab dem 2. Jahr beginnt man Etagen aufzubauen, indem man einen Seitentrieb nach rechts und einen nach links zieht und am Drahtgerüst befestigt. Jede Saison kommt eine weitere Etage hinzu, bis der Stock die gewünschte Höhe erreicht hat.

trocken, am besten in der Wohnung. Sobald die Schale so hart ist, dass sie sich nicht mehr mit dem Fingernagel eindrücken lässt, ziehen die Kürbisse um in ihr Winterlager: einen trockenen Raum bei 10–14 °C. Dort halten sie bis ins Frühjahr und geben somit ein gesundes Wintergemüse ab. Ihr Fruchtfleisch enthält – vor allem bei kräftig orangefleischigen Sorten – bis zu zwölf Mal mehr Carotinoide als Möhren. Carotinoide wirken als Radikalfänger. Einige, allen voran Beta-Carotin, sind außerdem eine Vorstufe des Vitamin A, das für die Sehkraft unserer Augen verantwortlich ist. Obendrein liefert **Kürbisfleisch** viel Kalium, Vitamin B_6 und Vitamin E. **Kürbiskerne** sind reich an gesunden ungesättigten Fettsäuren sowie Phytosterinen, die bei Prostataleiden und Blasenschwäche helfen. Die Samen vieler Sorten umhüllen sich mit einer so harten Schale, dass sie kaum zu beißen sind. Die der Ölkürbisse sind dagegen leicht zu knacken. Diese Kürbisart wird vor allem in der österreichischen Steiermark angebaut, um ihre Kerne und das darin enthaltene Kürbiskernöl zu gewinnen.

So gedeihen sie prächtig

Kürbisse mögen es warm, deswegen zieht man sie ab Mitte April in Töpfen bei etwa 20 °C im (Gewächs-)Haus vor und setzt sie erst ins Freie, wenn ab Mitte Mai keine Fröste mehr drohen.

Bei kühler Witterung stockt ihr Wachstum, sobald die Temperaturen steigen, holen die Pflanzen aber wieder auf. Um gesunde Riesenbeeren reifen lassen zu können, benötigen Kürbisse reichlich Nahrung: Düngen Sie den Boden deshalb vor dem Pflanzen großzügig mit reifem Kompost und einer Handvoll Hornmehl.

Dass Kürbisse außerdem enormen Durst haben, stimmt, dennoch müssen Gärtner nicht ständig mit der Gießkanne hinter ihnen her sein. Kürbiswurzeln graben sich bis zu einem Meter tief in die Erde und finden dort noch Wasser, wenn die Oberfläche längst ausgetrocknet ist.

Junge Eichelkürbisse sind sehr zart und dürfen auch roh in der Salatschüssel landen. Ältere Exemplare schmecken besser gekocht.

Je nach Art wachsen Kürbisse buschig oder schicken lange Ranken quer durchs Beet. In jedem Fall benötigen sie viel Platz, buschige Arten mindestens 80 cm in jede Richtung, rankende einen Meter und mehr in Hauptwuchsrichtung.

Kappt man die Hauptranke nach dem sechsten Blatt, bilden sich in den Blattachseln Seitentriebe, an denen mehrere kleine Früchte reifen. Für Gewichts- und Durchmesser-Rekorde ziehen Sie besser nur eine Frucht pro Pflanze, die keine Nährstoffe mit anderen teilen muss.

Kürbisblätter möchten die volle Sonne einfangen, während die Früchte gerne in ihrem Schatten heranwachsen. Gegen Ende des Wachstums welken die Blätter und legen die Kürbisse frei, sodass sie in der Herbstsonne ausreifen.

Giftige Kürbisse?

Regelmäßig im Herbst kursiert die Frage, ob manche Kürbisse giftig seien. Ja und nein. Reife **Zierkürbisse** enthalten viele Cucurbitacine. Das sind Bitterstoffe, die zu schweren Verdauungsproblemen führen können. Gerade Gartenkürbisse *(Cucurbita pepo)*, also Gartenkürbisse, kreuzen sich untereinander gerne und viel. Hat dabei ein bitterer Zierkürbis seine Gene im Spiel, können die Nachkommen aussehen wie normale Speisekürbisse, aber reich an unverträglichen Cucurbitacinen sein.

Jede Gefahr vermeidet, wer nur geprüftes Saatgut aus dem Handel verwendet. Möchte man Samen aus dem eigenen Garten ernten und säen, sollten im Umkreis von 300 m keine Zierkürbise wachsen. Auf Nummer sicher geht, wer vor dem Kochen ein Stück rohen Kürbis probiert. Schmeckt das Fleisch bitter, wandert die Frucht auf den Kompost statt in dem Topf.

Die 15 beliebtesten Kürbis-Sorten

Sorte	Art	Beschreibung	Lagerfähigkeit	Gewicht
Potimarron (Roter Hokkaido)	Riesen-Kürbis (*C. maxima*)	zwiebelförmig; Schale leuchtend orange; Fruchtfleisch kräftig orange; kastanien-artiges Aroma; Schale kann mitverarbeitet werden; ideal für Suppen, Aufläufe	3–4 Monate	1,5–2,5 kg
Uchiki Kuri (Roter Hokkaido)	Riesen-Kürbis (*C. maxima*)	rund; Schale leuchtend orange; bekannter Speisekürbis; nussiges Aroma; Schale kann mitverarbeitet werden; ideal für Suppen, Aufläufe	3–4 Monate	1–1,5 kg
Red Kuri (Roter Hokkaido)	Riesen-Kürbis (*C. maxima*)	klein, rund; tief orangefarbenes Fruchtfleisch; nussiger Geschmack; Schale kann mitverarbeitet werden	5 Monate	1,5–2 kg
Sweet Mama (Grüner Hokkaido)	Riesen-Kürbis (*C. maxima*)	flach, rund; grün, weiß gefleckt; orangefarbenes Fruchtfleisch; nussiger Geschmack	bis zu 12 Monate	1–1,5 kg
Nutty Delicia (Grüner Hokkaido)	Riesen-Kürbis (*C. maxima*)	flach, rund; Schale dunkelgrün mit grauen Streifen; Fleisch kräftig gelb; nussiger Geschmack	4–6 Monate	1,5–2 kg
Maina di Chioggia	Riesen-Kürbis (*C. maxima*)	flach, rund; stark gefurchte Schale; Fruchtfleisch gelborange; für Gnocchi, Pasta-Füllung, Gratin, Risotto	4–8 Monate	bis 8 kg
Kleiner Süßer (Petit sucrée)	Garten-Kürbis (*C. pepo*)	klein und rund; süßes, festes Fleisch, ideal für Tarte und Konfitüren, aber auch Gratin	3–4 Monate	0,5–1,5 kg
Baby Bear	Garten-Kürbis (*C. pepo*)	flach, rund; Schale orange, leicht gerippt; gut zum Füllen geeignet; auch auf dem Balkon ertragreich	2–3 Monate	0,5–1 kg
Vegetable Spaghetti (Spaghettikürbis)	Garten-Kürbis (*C. pepo*)	oval länglich; Schale hellgelb; zerfällt beim Kochen in spaghettiähnliche Fasern und wird wie die langen Nudeln serviert	5–9 Monate	1,5–2,5 kg
Stripetti (Spaghettikürbis)	Garten-Kürbis (*C. pepo*)	länglich; grün-weiß gestreifte Schale; hellgelbes Fruchtfleisch; nussiger Geschmack, spaghettiähnliche Fasern; gekocht gut im Salat	6–10 Monate	1,5–2 kg
Table Gold (Eichelkürbis/Acorn)	Garten-Kürbis (*C. pepo*)	eichelförmig; Schale goldgelb; Fruchtfleisch orange; süß; kleine Früchte gut roh essbar	2–4 Monate	500–700 g
Custard White (Patisson)	Garten-Kürbis (*C. pepo*)	diskusförmig; gezahnter Rand; Schale weiß; Fruchtfleisch weiß bis hellgelb; roh für Salate, gerillt oder gekocht	2 Monate	0,5–1 kg
Early Butternut (Butternut)	Muskat-Kürbis (*C. moschata*)	birnenförmig, Schale hellorange; festes Fruchtfleisch; nussiges Aroma; rankt wenig	6–12 Monate	0,5–1,5 kg
Musquee de Provence (Muscat de Provence)	Muskat-Kürbis (*C. moschata*)	flach, rund; Schale matt orange, gefurcht; süßlicher Moschusgeschmack; für Suppen, Desserts, Konfitüre	8–10 Monate	4–8 kg
Moschata Futsu black rinded	Muskat-Kürbis (*C. moschata*)	flach, rund; Schale graugrün; stark gerippt; Fruchtfleisch gelborange	6–10 Monate	1,5–2,5 kg

Samenernte: Die Zeit ist reif

Immer mehr Gärtner gehen selbst auf Samen-Fang – in eigenen und fremden Beeten. Das Objekt der Begierde sind ungewöhnliche Gemüsesorten.

Als Gemüse-Samen noch nicht in Tüten verpackt im Gartencenter hingen, ernteten Gärtner ihr Saatgut stets selbst. Sie trockneten, sortierten und lagerten es und – das war oft das Wichtigste – tauschten es gegen das der Nachbarin, des Schwagers oder des Pfarrers ein. Auf diese Weise sammelten sie verschiedene Sorten, die ausgezeichnet schmeckten und gut an Boden und Klima der Region angepasst waren.

Abwechslung im Gemüsebeet

Erst Mitte des vergangenen Jahrhunderts begannen Saatgut-Firmen Einheits-Sorten zu züchten: mit besonderen Eigenschaften für den Profi-Anbau. Das Gemüse sollte gleichmäßig reifen, üppige Erträge liefern, möglichst maschinell zu ernten sein und im Lager lange halten. Diese Sorten haben sich seither auch im Hobby-Saatguthandel durchgesetzt. Das müssen keine schlechten sein, aber Abwechslung und regionale Eigenheiten gingen dabei verloren. Inzwischen kehren die alten Sorten in die Beete zurück. Einige Gärtner kennen sie von früher und erinnern sich an ihr besonderes Aroma, ihre wilden Formen oder ungewöhnlichen Farben. Andere finden auf Pflanzenmärkten Geschmack am Gemüse von einst, säen es aus, ernten Samen, verteilen sie an Freunde und sorgen so für buntes Sorten-Treiben.

Allen voran sind es Tomaten und Bohnen, deren Vielfalt den neuen Samen-Trend ausgelöst hat. Das Schöne an diesen beiden Arten: Ihre Samen zu gewinnen gelingt leicht. Die Früchte reifen innerhalb einer Saison, und sie zählen zu den Selbstbefruchtern. In der noch geschlossenen Blüte bestäubt der Pollen die Narbe und verhindert damit, dass fremde Gene die Merkmale der Sorte durchkreuzen. Nur manchmal brechen Ausnahmen die Regel. Finden etwa Hummeln auf ihren Streifzügen zu wenige Blüten vor, knabbern sie sich seitlich in die Blütenknospen von Bohnen und schleppen fremden Pollen ein. Auch auf Tomatenblüten landen ab und an hungrige Hummeln, bevor der eigene Pollen richtig Fuß fassen konnte. Außerdem gelten Fleischtomaten als empfänglich für

Gemüsesamen sollten absolut trocken und verschlossen lagern, damit sie nicht schimmeln und keine Insekten an ihnen knabbern.

bestäubende Insekten. In beide Fällen kommen einem die Früchte einer aus eigenem Saatgut gezogenen Sorte seltsam vor, entnimmt man von dieser Pflanze einfach kein weiteres Mal Samen.

Festgelegte Erbfolge

Eine Lieblings-Sorte zu vermehren oder zu erhalten, indem man ihre Samen sammelt, funktioniert leider nicht immer. Es klappt nur bei samenfesten Sorten. Das sind vor allem Lokalsorten, alte Sorten und Sorten aus biologischer Züchtung. Sie vererben ihre Eigenschaften zuverlässig von Generation zu Generation. Anders verhalten sich moderne F_1-Hybriden, die durch Kreuzung verschiedener Elternsorten entstanden sind. Sät man ihre Samen aus, wachsen oft völlig andere Pflanzen heran, denn ihre Erbinformation verteilt sich auf verschiedene Nachkommen. Glücklicherweise erkennt man F_1-Hybriden sofort: Es muss auf der Samentüte stehen.

Die Ersten und die Letzten

Für die Vermehrung samenechter Sorten gilt: Immer nur Samen von Pflanzen entnehmen, die gesund sind und die besten Eigenschaften haben (Geschmack, Größe, Farbe, Form). Bei Gemüsearten, die Früchte tragen, dürfen die ersten oder zweiten Ansätze ausreifen und Samen spenden. Würde man sich stattdessen für die letzten Tomaten, Bohnen oder Erbsen der Saison entscheiden, züchtete man spät fruchtende Exemplare heran. Bei Salaten, Möhren und anderem Blatt- und Wurzelgemüse ist es genau andersherum. Die Samen geschosster Pflanzen zu ernten ist zwar verlockend, aber sie tragen das frühe Blühen in sich. Je mehr Pflanzen einer Sorte zur Samenernte bereitstehen, desto besser.
Wer diese Regeln beherzigt, kann sofort mit der eigenen Samen-Sammler-Karriere starten: für den Anfang am besten mit einfachen Arten wie Bohnen oder Tomaten, später auch mit anspruchsvolleren Kandidaten.

Für die Ernte von Blumensamen gilt das Gleiche wie beim Gemüse: Entnehmen Sie nur von jenen Pflanzen Saatgut, die die besten Eigenschaften mitbringen.

Auf zum Bohnen-Pulen

- Obwohl sich Busch- und Stangenbohnen *(Phaseolus vulgaris)* **selbst befruchten**, sät man verschiedene Sorten vorsichtshalber mehrere Meter voneinander entfernt. Übrigens: Feuerbohnen *(Phaseolus coccineus)* und Puffbohnen *(Vicia faba)* sind **Fremdbefruchter**. Möchte man von ihnen reine Samen gewinnen, sollte weit und breit keine zweite Sorte wachsen.
- Während des Sommers hält man Ausschau nach den besten Pflanzen. Sie werden **mit bunten Bändern markiert**, damit ihre ersten Hülsen nicht aus Versehen im Kochtopf landen, sondern ausreifen dürfen. Auswahlkriterien sind etwa ein kräftiger Austrieb, lange und pralle Hülsen, gesundes Laub, starke Triebe oder – bei Buschbohnen – fehlende Ranken und gedrungener Wuchs.
- Hülsen für die Saatguternte bleiben so lange hängen, **bis sie bräunlich werden** und eintrocknen.
- Reife Hülsen müssen nach der Ernte **2–3 Wochen nachtrocknen**. Erst wenn die Kerne so hart sind, dass sie sich nicht mehr mit dem Fingernagel eindrücken lassen, sind sie trocken genug.
- Bei Buschbohnen hat es sich bewährt, die komplette Pflanze auszureißen und zum Nachtrocknen **kopfüber an einem überdachten Ort aufzuhängen**.
- Während des Kerne-Pulens werden **verletzte und sortenuntypische Samen** aussortiert. Wer jede Saison ein paar Bohnen von der Aussaat aufbewahrt, hat den direkten Vergleich stets vor Augen. Nur die schönsten wandern in mit Sortenname sowie Erntejahr beschriftete Schraubgläser.

- Hat sich der Bohnenkäfer in ein Glas eingeschlichen, vermehrt er sich im Lager weiter und knabbert alle Kerne an. Deshalb **regelmäßig kontrollieren** und befallene Bohnen entsorgen.

Samen-Sammeln für Fortgeschrittene

Viele Gemüsearten sind auf den Pollen einer anderen Pflanze angewiesen, um gesunde Früchte und Samen anzusetzen. Wer Fremdbefruchter-Arten vermehren möchte, muss aufpassen, dass keine zweite Sorte ihre Gene beisteuert. Das gelingt, wenn verschiedene Sorten einer Art so weit wie möglich auf Abstand gehen. Als Faustregel gilt: Arten, die von Insekten bestäubt werden (z. B. Möhren), sollten mindestens 100 m voneinander entfernt wachsen. Solche, die der Wind bestäubt (z. B. Mais) kommen sich besser nicht näher als 300 m. Stehen Pflanzen derselben Art in Hauptwindrichtung zueinander, wählt man die Entfernung noch größer. Am besten werden Nachbarn in die Vermehrungspläne eingeweiht, damit deren Sorten das Vorhaben nicht unbeabsichtigt scheitern lassen. Oft liest man, je mehr Blumen im Garten blühen, desto geringer sei das Risiko, dass Insekten direkt von einer Feuerbohnen- oder Kürbissorte zur nächsten fliegen. Das gilt jedoch nur für Hummeln und Wildbienen. Honigbienen gelten dagegen als blütenstetig und besuchen immer die gleiche Art: solange, bis diese verblüht ist. Trennen Hecken oder Mauern die einzelnen Sorten, bremsen diese Barrieren den Wind und lenken die Insekten um.
Man kann Tieren und Wind aber auch zuvorkommen und von Hand bestäuben. Das klappt gut bei Pflanzen, die große Blüten tragen, etwa bei Kürbissen.

Tomaten-Wäsche

Wer die Blütenstände von Tomaten gelegentlich schüttelt, fördert die Bestäubung durch den eigenen Pollen. Markieren Sie die erste oder zweite üppige Rispe einer Pflanze mit Bändern. Sie liefern Samen für früh fruchtende, reich tragende Pflanzen.

1 Die schleimige Hülle, die Tomatensamen umgibt, enthält Stoffe, die verhindern, dass die Samen keimen. In einem Wasserbad löst sich diese Keimschutzschicht.

2 Die Tomaten dazu halbieren und Kerne samt Fruchtfleisch in ein Glas löffeln, anschließend mit Wasser auffüllen. Das Glas darf nicht fest verschlossen werden, weil die gärende Masse schnell Druck aufbaut. Ein loser Deckel hat sich bewährt: Er erhöht die Temperatur.
Nach 1–2 Tagen ist die Keimschutzschicht abgebaut, die Samen sinken auf den Boden des Glases. Auch die Fingerprobe verrät, ob die Samen gereinigt sind: Sie fühlen sich rau an, nicht mehr glitschig.

3 Nun gilt es, die Samen so schnell wie möglich in einem Sieb und unter klarem Wasser von Fruchtfleischresten zu befreien und zu trocknen: am besten locker ausgebreitet auf Filter- oder Küchenpapier. Denn ohne die Schutzhülle würden die Samen im warmen Wasser bald keimen.

Tomatensamen bleiben 5–10 Jahre keimfähig, vorausgesetzt sie lagern vollkommen trocken und unter Verschluss.

Herbstanemonen: Blüten im Wind

Herbstanemonen sind im naturnahen Garten stets willkommen. Das haben sie ihren wildschönen Blüten zu verdanken, die bei Hummeln hoch im Kurs stehen.

Herbstanemonen-Blüten packen ihre zahlreichen Samen in Watte und warten so manchmal einen Winter lang, bis hungrige Vögel ihren Nachwuchs in andere Beete tragen.

Im Grunde brauchen Herbstanemonen die Böen, die ab September, Oktober über die Beete fegen. Denn nur dann ergehen sich die Blüten der Windblumen (das griechische *anemos* bedeutet so viel wie Wind) oder der *Töchter des Windes*, wie die Anemonen in den USA heißen, in ihrem anmutigen Freudentanz, beugen ihre Stängel und nicken mit den Köpfen, ohne dabei umzuknicken.
Manche Gärtner reiben sich bei ihrem Anblick die Augen und nehmen ihnen das Herbstspektakel erst einmal nicht ab. Zu groß ist die Ähnlichkeit mit den zarten, niedrigen Anemonen des Frühlings, wie mit den Buschwindröschen *(Anemone nemorosa)* oder den Waldanemonen *(A. sylvestris)*, die ihre zarten Blütenschalen viele Monate zuvor unter den noch laublosen Bäumen öffnen.
Aber tatsächlich gehören Herbstanemonen der gleichen Sippe an wie die Frühlingsblumen. Sie sind Verwandte aus Fernost, die vor natürlichem Charme nur so sprühen und dennoch die schlichte Eleganz des Asiatischen wahren. Ursprünglich wuchs die uralte chinesische Kulturpflanze in den Tempelgärten Japans und Chinas, bevor sie auch europäische Gärten eroberte. Dort gesellte sie sich wie selbstverständlich zu spät blühendem Eisenhut *(Aconitum carmichaelii)*, September-Silberkerze *(Cimicifuga racemosa)*, Japansegge *(Carex morrowii* 'Variegata'*)* und zum satten Grün verschiedener Farne.

Herbstfarbe Rosa

Aufregend anders zeichnen sich ihre glatten, fast porzellangleichen Schalenblüten vor dunklen Immergrünen oder in der Nähe von flammendem Herbstlaub ab. Man möchte meinen die filigrane Erscheinung passt so gar nicht in hiesige Herbstbeete. Aber weit gefehlt: Ihre zahlreichen Rosatöne bestehen mit Bravour neben kräftigem Orange, Rot oder Silber, besonders wenn das Herbstlicht alle Farben milchig verwischt.
Dass die späten Anemonen einmal solche Reize an den Tag legen, mag im Frühjahr und Sommer kaum ein Gärtner ahnen.

Die derben, stumpfgrünen Blätter formieren sich zu einem Blätterdickicht, das selbst Giersch und Brennnesseln zur Seite drängt – und auch Schnecken den Appetit verdirbt. Man mag es fast schon ausreißen, weil es auch an anderen Stellen als im letzten Jahr zum Vorschein kommt. Kaum schieben sich aber die langen Blütenstiele gut einen Meter über das wenig grazile Laub hinaus, gehört den Blüten die ungeteilte Aufmerksamkeit. Dann lobt man sich für die Entscheidung, die Anemonen in großen Trupps wachsen und großzügig Beete vereinnahmen zu lassen. Je mehr Herbstanemonen nämlich nebeneinander wachsen, desto stärker wirken sie.

Der Aufforderung sich auszubreiten kommt die **Filzblättrige Herbstanemone** *(Anemone tomentosa)* besonders eifrig nach. Sie ist es, die oft schon im Juli oder spätestens im August und September ihre hellrosafarbenen Blüten öffnet. Dass diese bis 120 cm hoch über den Blättern schweben, ist keine Seltenheit. In ihrer nordchinesischen Heimat blüht die Art unbeeindruckt von jeglicher Eiseskälte bis über der Waldgrenze. Die Sorte 'Robustissima' nimmt es mit rauen Lagen problemlos auf und fügt sich mit ihren schlichten Blütenschalen besonders gut in Naturgärten ein. 'Superba', die unmerklich niedriger bleibt, besitzt den gleichen Charme und blüht noch reicher.

'Prinz Heinrich'

'Praecox'

'Königin Charlotte'

'Bressingham Glow'

Der Art treu geblieben

Mit 50–80 cm Höhe ein wenig zierlicher, aber nicht minder blühstark gibt sich die **Hupeh-Herbstanemone** *(A. hupehensis)*. Sie beginnt ihre Spätvorstellung oft schon im August, um im September den Höhepunkt zu erlangen. Diese Herbstanemone schiffte sich 1844 als erste fernöstliche Anemone nach Europa ein. Altbewährt ist 'Ouvertüre' in Hellrosa, deren Knospen manchmal schon im Juli Farbe bekennen. 'Praecox', die mit kräftigem Rosarot besticht, 'Splendens' in Purpurrosa und die tiefrosafarbene 'September Charm' ergänzen die reiche Sortenauswahl. Neuerdings macht eine weiße Wildform von sich reden, deren cremeweiße Blütenschalen auf der Rückseite violett überhaucht sind.
Diese **Weiße Herbstanemone** *(A. hupehensis* var. *alba)* ist eher zierlich, hüllt sich aber von August bis Oktober viele Wochen lang in zahllose Blüten.

Kunstvoll unverkünstelt

Die Wuchshöhe, die Blüten – alles ist größer an den **Japananemonen** *(Anemone-Japonica*-Hybriden*)*, den Kreuzungen aus Hupeh-Herbstanemone und einer weinblättrigen Wildart aus Nepal. Diese Züchtungen, die in Frankreich ihren Lauf nahmen, gehören zu den schönsten Blumen im Herbstgarten, und sie lassen sich auch mehr Zeit bis sie aufblühen.
Ab September verführen uns 'Königin Charlotte' (silbrigrosa), 'Bressingham Glow' (rubinrosa) und 'Prinz Heinrich' (purpurviolett) mit ihren halbgefüllten Blüten, die sich wie Seide am Stielende bauschen. Ungefüllt, aber nicht weniger spektakulär,

begeben sich 'Hadspen Abundance' (purpurrosa) und die reinweiße 'Honorine Jobert', unter Liebhabern als die prächtigste von allen gehandelt, mit dem Wind aufs Tanzparkett.
Obwohl die Ansprüche der Hahnenfußgewächse mit der Schönheit steigen, der Boden besonders nährstoffreich und der Winterschutz dick sein sollten, wird sich keine Anemone je zu sehr verkünsteln. Haben ihre Blüten das Herbstlicht voll ausgekostet, verwandeln sie sich wie die aller spätblühenden Anemonen in dekorative Samenstände.
Anfangs noch eiförmig fest blähen sie sich zu watteweißen Schöpfen, die im Flaum braune Samenkörnchen stecken haben. Wechselt das Laub der Anemonen nach getaner Arbeit von Grün nach Braun, bilden die wolligen Wedel einen zauberhaften Kontrast – und bleiben als Augenweide noch den Winter lang stehen.
Vögel knabbern die kleinen Samen als kleinen Winter-Snack. Auch frierende Kleininsekten mummeln sich in das pelzige Nest, und so hat sich der Wert der Anemonen nicht nur unter Bienen herumgesprochen.

Eine ganz besondere Sorte

Bei der Japananemone 'Honorine Jobert' geraten viele Gärtner ins Schwärmen. Ihre Blüten strahlen in reinstem Weiß und sind dabei so klar, als wären sie mit wenigen Pinselstrichen gezeichnet. Von Jahr zu Jahr blüht die Sorte immer reicher, bei einer stattlichen Höhe von 1,20 m.
Vor weit über 100 Jahren staunte der französische Gärtner Messier Jobert, als ihn eine seiner rosafarbenen Anemonen mit einem reinweißen Trieb überraschte. Diesen vermehrte er, um die Pflanzen fortan unter dem Namen 'Honorine Jobert' in die Gärtnerwelt zu schicken, benannt nach seiner Tochter Honorine. Damit sich die Sorte zu ihrer vollen Schönheit entwickeln kann, braucht sie viel Dünger und Wasser. Wie alle weißen Anemonen reagiert sie empfindlich auf zu viel Wurzeldruck von Bäumen oder von schmalen, mit Randsteinen eingefassten Beeten. Während langer Regenperioden leiden die Blütenschalen ebenfalls. Weiße Sorten erfrieren schnell, weshalb man sie besser nur mit Tannenreisig geschützt in den Winter schickt.

So mögen sie es am liebsten

- **Im lichten Schatten** von hohen Bäumen und Sträuchern entwickeln sich Herbstanemonen wild und wüchsig, so als wären sie ohne menschliches Zutun dorthin gekommen. Ihre Wurzeln lieben es tiefgründig und humusreich, feucht und frisch.
- **Je feuchter** es ist, desto mehr Sonne vertragen die Pflanzen. Doch heißt es aufpassen bei Staunässe und ständigem Tropfenfall, das verdirbt den großen Stauden schnell die Lust am Wachsen und Blühen.
- **Wenn man sie lässt**, verwildern die späten Anemonen rasch auf einem großen Terrain. Vor allem die ungefüllten Sorten und speziell die 1,5 m hohe Filzblättrige Anemone 'Robustissima' legt dort richtig los. Auf Lehmböden kann ihr Ausbreitungsdrang manchen Gärtner zur Verzweiflung bringen. Sticht man nämlich die überbordende Staude mit dem Spaten ab, treibt aus jedem Wurzelrest eine neue Pflanze aus. **Tipp:** Eine Wurzelsperre hält die Pflanze von vornherein in Grenzen.
- **So übermütig ihr Wuchs** erscheint, so verhalten reagieren sie auf einen Ortswechsel. Weil sie gut ein Jahr zum Anwachsen brauchen, pflanzt man sie am besten im Frühjahr, gibt drei Handvoll reifen Kompost mit ins Pflanzloch und schickt sie im ersten Winter mit einem Schutz aus Tannenreisig oder Laub in den Winter. In kalten Regionen hilft ihnen der wärmende Mantel jedes Jahr durch Frost und Schnee.
- **Im Frühjahr** gehen die Anemonen mit einer ordentlichen Portion Kompost an den Start. Im Laufe des Wachstums sorgen organische Dünger wie Brennnesseljauche dafür, dass ihnen der lange Atem bis zum Herbst nicht ausgeht.

'Honorine Jobert'

Winter

Bevor die Kälte hereinbricht, wird das Gemüse ins Lager verfrachtet. Ist das Futterhäuschen gut gefüllt und hängen obendrein Zieräpfel und Sanddornbeeren im Geäst, lassen Vögel nicht lange auf sich warten. Und schon beginnt das neue Gartenjahr.

Wintergemüse lange lagern

Stimmen Temperatur, Luftfeuchtigkeit und Lichtverhältnisse, bleibt gelagertes Gemüse im Vollbesitz seiner inneren Werte.

Bevor der Boden bei andauerndem strengen Frost durchfriert, verlässt der Lauch besser das Beet und zieht im Topf an einen geschützten Ort.

Wie man die Ernte bettet, so schläft sie, könnte man sagen, denn Temperatur, Luftfeuchtigkeit, Sauerstoff und Licht bestimmen, wie lange Obst und Gemüse im Lager knackig bleiben und ob ihre Nährstoffe und Vitamine die Wartezeit bis zum Kücheneinsatz überstehen oder nicht.
Früchte und Gemüse nehmen Sauerstoff auf, bauen damit bestimmte Stoffe ab, auf und um. Zu hohe oder zu niedrige Temperaturen, Wunden und Krankheiten beschleunigen den Abbau der Energiereserven. Das ist vergleichbar mit unserem eigenen, menschlichen Stress, der unsere Abwehrbereitschaft erhöht und dadurch den Stoffwechsel kräftig ankurbelt.
Schon das Ernten versetzt die Pflanzen in »Angst und Schrecken«. Dadurch bildet ihr Gewebe Ethylen, ein gasförmiges Pflanzenhormon, das Früchte schneller reifen und Blätter altern lässt. Früchte wie Äpfel, Tomaten, Paprika oder Gurken geben große Mengen des Gases ab, und das wirkt auch in der Umgebung verheerend: Kohl, Salat und Kräuter vergilben, Kartoffeln schrumpeln, Zwiebel büßen an Schärfe ein und Möhren werden bitter, wenn sie länger neben diesen Früchten liegen. Besonders empfindlich auf Ethylen reagieren diese Gemüse: Brokkoli, Blumenkohl, Kopfkohl, Rosenkohl und Kartoffeln.

Das passiert nach der Ernte

Während Stärke, Zucker und Eiweiße im Lager ziemlich lange stabil bleiben, zerfallen die für unsere Ernährung so wichtigen ungesättigten Fettsäuren, wenn sie mit Luft in Kontakt kommen. Sie wandeln sich dann in die gar nicht mehr gesunden Trans-Fettsäuren um und schmecken ranzig.
Das Vitamin C ist ein weiterer Knackpunkt beim Wintervorrat. Es wird schneller als alle anderen Vitamine durch Wärme und Sauerstoff zerstört. Äpfel enthalten zum Beispiel unmittelbar nach der Ernte 10 mg Vitamin C pro 100 g Frucht, aber schon nach wenigen Wochen in der Obstschale auf dem Küchentisch ist es fast verschwunden. Lagern die Äpfel dagegen in einem Raum, der gerade frostfrei ist, bleibt das Vitamin lange erhalten.

Aber die natürlichen Abbauprozesse beim Lagern haben auch ihre guten Seiten:

- Meerrettich, Petersilienwurzeln oder Kerbelrüben werden bekömmlicher, weil sich Ballaststoffe abbauen und neue Aromastoffe bilden.
- Viele Apfelsorten schmecken erst so richtig gut, wenn sie mehrere Wochen lang kühl gelegen haben.
- Kohl wird aromatischer, weil sich der Gehalt an den scharfen und gesunden Senfölen erhöht.
- Nitrat in Blättern und Stängeln wird bei 5 °C in Eiweiß umgebaut. Nur in warmen Lagern oder bei Luftmangel entsteht unerwünschtes Nitrit. In Chinakohl findet man z.B. nach vier Wochen 16 % und nach vier Monaten 50 % weniger Nitrat als nach der Ernte.
- Studien zeigen, dass der Gehalt an Antioxidantien (z.B. Phenole, Ascorbinsäure, Flavonoide) von Paprika, Spinat, Brokkoli, Knoblauch und einigen Früchten nach der Ernte ansteigt.
- Zwiebeln und Gemüse, die im Lager austreiben, bauen in den Sprossen wieder neues Vitamin C auf.

Die mögen es kalt

Nur gesunde, unversehrte Wurzeln, Köpfe und Früchte dürfen eingelagert werden, damit sich Schädlinge und Krankheiten nicht quer durch die gesunde Nachbarschaft arbeiten können. Wintergemüse (außer Kürbis) bleiben bei Temperaturen kurz über dem Gefrierpunkt am längsten jugendlich, weil ihr Stoffwechsel in eine Kältestarre fällt. Deshalb ist das 1 °C-kalte Gemüsefach moderner Kühlschränke für den kleinen Erntesegen ein prima Aufbewahrungsort. Außerdem sorgt eine Atmosphäre, wie sie kurz nach einem Regenguss herrscht (Luftfeuchtigkeit höher als 90 %) dafür, dass nichts schrumpelt oder welkt, weil kein Wasser verdunstet wird. Moderne Keller sind selten kühl genug, wohl aber Erdmieten, Keller mit Lehmboden und – so lange es draußen nicht Stein und Bein friert – Dachböden, Garagen oder Gartenhäuschen.
Den Antischrumpel-Effekt erreicht man, indem Wurzelgemüse in Kisten mit sauberem feuchten Sand einlagert, Salat und Kohl in Zeitungspapier einwickelt oder die Gemüse portionsweise in gelochte Folienbeutel steckt.

Kohl holt man an einem trockenen Tag vom Beet, am besten vor dem ersten strengen Frost.

Eisige Ruhe in der Tiefkühltruhe

Vor dem Einfrieren sollte man Gemüse und Obst blanchieren, damit bestimmte Enzyme in den Pflanzen zerstört werden. Diese Enzyme arbeiten auch bei Minustemperaturen weiter und bauen Geschmacksstoffe und Vitamine ab. Durch das Blanchieren werden die hitzestabilen Vitamine D, E und K gerettet. Vitamin C, A, B_1 und B_6 gehen dabei hingegen zum großen Teil schon verloren. Das gefrorene Gemüse sollte man nicht langsam auftauen, sondern rasch ins kochende Wasser oder in die heiße Pfanne geben! So bleibt das Aroma besser erhalten und Pilz- und Bakteriensporen, die durch das Blanchieren nicht zerstört wurden, haben keine Chance, aktiv zu werden.

So wird Wintergemüse geerntet und gelagert

Gemüse	Ernten	Vorbereiten	Am besten bei ... °C	Haltbar	Wo lagern? **)	Tipps
Blumenkohl, Brokkoli	Blumen sollen noch kompakt sein	morgens ernten, rasch kühlen, bei Blumenkohl 3–4 Umblätter lassen	0–1	3–6 Wochen	• im Regal, abgedeckt mit gelochter Folie oder im Folienbeutel	rasch verbrauchen, wenn Umblätter vergilben
Chinakohl	so lange es geht auf dem Beet lassen und mit Folie oder Vlies schützen	mit einigen Umblättern und Wurzeln einräumen	0–1	3–4 Wochen	• an Wurzeln aufhängen • im feuchten Sand * • ohne Wurzeln auf Regal, in gelochtem Folienbeutel	verträgt bis –5 °C Frost
Endivien, Radicchio, Zuckerhut	bei sonnigem Wetter und mit trockenen Blättern	mit Wurzeln aus dem Boden ziehen	0–1	2–4 Wochen	• im Regal, jeden Kopf in Zeitungspapier einrollen oder in gelochtem Folienbeutel	bis –3 °C im Beet lassen, mit Folie/ Vlies schützen
Grünkohl	bleibt über Winter im Beet		–20	bis April		junge und mittlere Blätter verwenden
Kopfkohl, Wirsing	bis zum Frost draußen lassen, an einem trockenen Tag aus dem Boden ziehen	mit 3–4 Deckblättern und Wurzeln lagern	0–1	3–6 Monate	• in Erd-Strohmiete • an Wurzeln im Keller aufhängen • in feuchtem Sand *	die getrockneten äußeren Blätter schützen im Lager das Innere
Kohlrabi	frostempfindlich, nicht zu spät ernten	Blätter abschneiden	0–1	3–4 Monate	• im Regal, in gelochtem Folienbeutel	Spätsorten halten länger als frühe
Lauch	frostfest, im Beet lassen, mit Wurzeln herausziehen, wenn Boden frostfrei	nicht waschen, Blätter bis 10 cm über dem weißen Schaft einkürzen	–1–0	2–6 Monate	• bis zu den grünen Blättern in feuchtem Sand * • auf Regal, in gelochtem Folienbeutel	gelagerten Lauch bald verbrauchen, wenn Blätter gelb werden
Möhren, Wurzelpetersilie	wenn sich Blattspitzen rötlich oder gelb verfärben	nicht waschen, Blätter 3–5 cm über Rübe abdrehen	0–4	6 Monate	• in Erd-Strohmiete • in feuchtem Sand *	nur unverletzte Wurzeln einmieten
Rosenkohl	wenn längerfristig unter –10 °C kalt	wenn längerfristig unter –10 °C kalt	–5–1	6 Monate	• auf Regal, in gelochtem Folienbeutel	ältere Sorten sind völlig frostfest
Rote Bete	vor dem Frost, verfärben sich bei Kälte	Blätter abdrehen oder abschneiden	3–4	6 Monate	• Erd-Strohmiete • feuchter Sand *	Blattstiele sind gedünstet essbar
Sellerie	verträgt im Beet Temperatur bis –5 °C	nicht waschen, Blätter, Wurzeln abschneiden	0–1	6 Monate	• Erd-Strohmiete • feuchter Sand *	dauerhaft nicht unter 0 °C lagern
Schwarzwurzeln	vor starkem Frost oder bei drohendem Mäusefraß	nicht waschen, Wurzeln nicht verletzen, Blätter entfernen	0–1	5 Monate	• Erd-Strohmiete • feuchter Sand *	frostfest, aber bei gefrorenem Boden nicht zu ernten
Winterrettich	Ende Oktober	Laub abschneiden	0–1	2–4 Monate	• Erd-Strohmiete • feuchter Sand *	kleinere Rettiche feiner als große
Zwiebeln, Knoblauch	wenn ½–⅔ der Blätter gelb und abgestorben sind	bei 20–25 °C etwa 1–2 Wochen vortrocknen, lose Schalen entfernen	0–10	6 Monate	• als Zopf oder im Netz • im Holzregal • in luftiger Kiste	70% Luftfeuchte, Zwiebeln vertragen leichten Frost

* statt Sand eignen sich auch Sägespäne oder eine Mischung aus ½ Kokosfasern und ½ Sägespänen.
** Der optimale Lagerplatz sollte eine sehr hohe Luftfeuchtigkeit (90–95%) aufweisen, Abweichungen von dieser Regel sind in der letzten Spalte vermerkt.

Das Gemüse-Jahr auf dem Papier

Die Beetsaison im Küchengarten beginn schon im Winter: als Entwurf. Denn wer einen guten Plan hat, erntet im Sommer reichlich.

Die Aussaatzeit auf den Beeten beginnt schon im März. Machen Sie sich vorher Gedanken, was wann wo wachsen soll. Im sommerlichen Hochbetrieb verliert man schnell den Überblick.

Eine gute Nachricht für Gemüse-Neulinge: Selbst erfahrenen Gärtnern gelingt es nur selten, das Gemüsejahr bis ins Detail auszutüfteln und von allem zur richtigen Zeit die optimale Menge zu säen oder zu pflanzen. Schließlich halten sich weder Wetter noch Schädlinge an Abmachungen und auch die Pflanzen selbst sind mal in dieser, mal in jener Verfassung.

Aber mit etwas Vorbereitung liegt man nie völlig daneben und das Beet zu keinem Zeitpunkt ungewollt brach. Am Anfang steht der Plan auf dem Papier. Es genügt, den Gemüsegarten einmal maßstabsgetreu samt Wegen aufzuzeichnen. Diese Vorlage kopiert man entweder für mehrere Entwürfe und Jahre oder klemmt sie jeweils unter neues Transparentpapier, auf das die Gemüsekulturen gezeichnet werden. Den fertigen Anbauplan hängt man am besten gut sichtbar an die Schuppenwand.

Bevor es jedoch soweit ist, gilt es, die Lieblingsgemüse Ihrer Familie aufzuschreiben. Es macht wenig Sinn, Knollensellerie anzubauen, den später niemand essen möchte – nur weil er so schön in die zeitliche Abfolge und Mischkultur gepasst hat. Denn um sich rund ums Jahr komplett aus dem Garten mit Gemüse zu versorgen, bräuchte man eine Fläche von 30–40 m^2 pro Person. Die hat – zumindest in den meisten Stadtgärten – kaum jemand.

Die wenigsten Gärtner essen jedoch ausschließlich Gemüse aus eigener Ernte. Alles in allem kommen schon reichlich Salate und frisches Gemüse auf den Tisch, wenn eine 4-köpfige Familie 50–70 m^2 beackert.

Schön der Reihe nach

Sobald es konkret ans Planen geht, hat sich folgende Herangehensweise bewährt, um den Überblick zu behalten:

- Manches Gemüse benötigt viel Platz und besetzt das Beet vom Frühling bis zum Herbst. Hierzu zählen etwa Tomaten, Stangenbohnen, Kürbisse und Zucchini. Diese Arten baut man selten in üblichen Gemüsereihen an, sondern teilt ihnen einen eigenen Bereich zu, auf dem sie sich austoben dürfen. Zeichnen Sie diese Kanditaten als Erstes auf dem Papier ein. Auch dem Frühbeet reservieren Sie am besten von vornherein einen festen Platz auf dem Gartenplan.

- Die übrigen Beetabschnitte gliedern Sie längs in die Monate März bis Oktober. Farbige Linien, die quer verlaufen, markieren, von wann bis wann eine Art eine Reihe belegt und welche im Anschluss dran ist. Dort finden – möglichst in gesunder Mischkultur – Salate, anderes Blattgemüse, Buschbohnen, Erbsen, Zwiebeln, Wurzelgemüse und Kohlpflanzen Platz.
- Zeichnen Sie auf jedem Beet zunächst die Hauptkulturen ein. Das sind Arten, die bis zur Ernte zwei und mehr Monate an Ort und Stelle wurzeln, etwa Kohl, Erbsen, Buschbohnen, Kartoffeln, Kopfsalat, Gurken, Karotten, Schwarzwurzeln oder Sellerie. Zu diesen Kandidaten gesellen Sie passende Vor- und Nachkulturen. So könnte Feldsalat auf Frühkartoffeln folgen, die das Beet Ende Juli räumen. Platz spart, wer obendrein Zwischensaaten aus schnell wachsenden Arten vorsieht: etwa Radieschen, die man zwischen den Kopfsalat sät, solange der noch klein ist.
- Ab Juni dient am besten eine separate Fläche als Saatbeet. Dort lassen sich gemächlich wachsende Arten wie Kohlrabi, Blumenkohl, Grünkohl, Radicchio, Kopfsalat oder Endivien auf kleinem Raum vorziehen. Sobald sie größer und frühere Gemüse abgeerntet sind, siedeln sie ins Beet um – mit genügend Abstand zu ihren Nachbarpflanzen.
- Steht der Belegungsplan für die einzelnen Beete fest, erstellt man einen Kalender, in dem die Termine notiert werden, an denen die jeweiligen Gemüsearten und -sorten ausgesät oder gepflanzt werden sollen.

  Auch eine Kiste mit mehreren Fächern ist denkbar, in der die Samentüten nach Monaten sortiert lagern.

1 Kopfsalat
2 Karotten
3 Zwiebeln
4 Radieschen
5 Kohlrabi
6 Pflücksalat
7 Rosenkohl
8 Grünkohl
9 Endivien
10 Brokkoli
11 Feldsalat
12 Winterrettich
13 Spinat

So könnte ein Gemüsebeet von April bis September aussehen:
Sobald eine Art geerntet ist, folgt in derselben Reihe schon die nächste. Je reibungsloser die Nachfolge klappt, desto besser wird der Platz ausgenutzt und der Boden liegt kaum brach. Wer obendrein Nachbarn wählt, die sich gut vertragen, hat meist weniger Ärger mit Gemüsefliegen, anderen Schädlingen und Pilzkrankheiten.

- Die Übersicht auf Seite 155 dient als Gedächtnisstütze. Tauschen Sie entsprechend Ihren Vorlieben und abhängig vom vorhandenen Platz einzelne Arten aus, und schaffen Sie sich Ihre persönliche Version des Gemüsekalenders. Schließlich werden in keinem Garten alle genannten Gemüse wachsen.

Wer schon im Winter mit der Beetplanung beginnt, handelt keineswegs voreilig. Schließlich werden drinnen schon im Februar die ersten Saaten fällig, und auf den Beeten heißt es ab März: Boden vorbereiten. Vorher gilt es die Samen zu besorgen und alles für die Aussaat nötige Material zu organisieren.

Februar	März	April	Mai
Im warmen Gewächshaus oder auf der Fensterbank **Säen:** Sellerie	**Im warmen Gewächshaus oder auf der Fensterbank** **Säen:** Tomaten, Paprika in Töpfen vorziehen; Sellerie, Salate in Schalen säen; Frühe Kartoffelsorten in flachen Kisten (oder Eierkartons) vorkeimen	**Im warmen Gewächshaus oder auf der Fensterbank** **Säen:** Tomaten, Paprika, Gurken, Kürbis, Zucchini in Töpfen vorziehen, evtl. auch Busch- und Stangenbohnen, um ihnen einen Vorsprung gegenüber Schnecken zu verschaffen	**Im Frühbeet oder Folientunnel** **Säen:** Gurken, Kürbis **Ernten:** Kopfsalat, Pflück- und Schnittsalat
Im frostfreien Gewächshaus **Säen:** Kopfsalat, Kohlrabi, Radieschen, Blumenkohl, Weißkohl, Rotkohl, Wirsing, Brokkoli, Dicke Bohnen	**Im Frühbeet oder Folientunnel** **Säen:** Pflücksalat- und Schnittsalat, Kopfsalat, Radieschen, Rettich, Lauch, Blumenkohl, Weißkohl, Rotkohl, Wirsing, Rosenkohl, Brokkoli, Kohlrabi, Dicke Bohnen **Pflanzen:** Dicke Bohnen	**Im Frühbeet oder Folientunnel** **Säen:** Weißkohl, Rotkohl, Wirsing, Rosenkohl, Blumenkohl, Brokkoli, Kohlrabi, Zuckermais, Rettich, Radieschen, Lauch, Kopfsalat, Romanasalat, Eissalat, Pflück- und Schnittsalat, Mangold **Pflanzen:** Kohlrabi, Blumenkohl, Brokkoli, Kopfsalat	**Im Freien vor dem 20. Mai** **Säen:** Pflück- und Schnittsalat, Kopfsalat, Rettich, Radieschen, Kohlrabi, Brokkoli, Wirsing, Rosenkohl, Mark- und Zuckererbsen, Mangold, Karotten, Pastinaken, Feuerbohnen **Pflanzen:** Kohlrabi, Brokkoli, Blumenkohl, Lauch, Steckzwiebeln, Mangold, Kopfsalat, Romanasalat, späte Kartoffeln **Ernten:** Spinat
Im Freien **Säen:** Spinat **Ernten:** Radicchio, Rosenkohl, Grünkohl, Feldsalat, Spinat, Schwarzwurzeln, Pastinaken	**Im Freien** **Säen:** Dicke Bohnen, Pastinaken, Schwarzwurzeln, Spinat, Karotten, Palerbsen	**Im Freien** **Säen:** Pflück- und Schnittsalat, Radieschen, Rettich, Schwarzwurzeln, Pastinaken, Mark- und Zuckererbsen, Karotten, Spinat **Pflanzen:** Kopfsalat, Kohlrabi, Blumenkohl, Brokkoli, Weißkohl, Rotkohl, Wirsing, Lauch, Steckzwiebeln, Schalotten; Frühe Kartoffeln legen	**Im Freien nach dem 20. Mai** **Säen:** Karotten, Lauch, Blumenkohl, Grünkohl, Busch- und Stangenbohnen, Gurken **Pflanzen:** Tomaten, Zucchini, Kürbis, Gurken, Paprika, Zuckermais, Sellerie, Rosenkohl, Mangold

Juni *	Juli	August
Direkt ins Beet säen: Busch- und Stangenbohnen, Karotten, Rettich, Radieschen, Pflück- und Schnittsalat, Zuckerhut **Ins Saatbeet säen:** Grünkohl, Kohlrabi, Blumenkohl, Brokkoli, Radicchio, Endivie, Mangold, Eissalat, Kopfsalat, Romanasalat, Lauch, Knollenfenchel	**Direkt ins Beet säen:** Buschbohnen, Karotten, Pflück- und Schnittsalat, Winterrettich, Radieschen, Zuckerhut **Ins Saatbeet säen:** Grünkohl, Chinakohl, Radicchio, Endivie, Knollenfenchel, Eissalat	**Direkt ins Beet säen:** Feldsalat, Spinat, Pflück- und Schnittsalat, Winterrettich **Ins Saatbeet säen:** Grünkohl
Pflanzen: Weißkohl, Rotkohl, Wirsing, Rosenkohl, Blumenkohl, Brokkoli, Kohlrabi, Gurken, Kürbis, Lauch, Paprika, Sellerie, Kopfsalat, Romanasalat, Eissalat, Mangold, Knollenfenchel	**Pflanzen:** Eissalat, Romanasalat, Kopfsalat, Endivie, Radicchio, Kohlrabi, Brokkoli, Grünkohl, Blumenkohl, Weißkohl, Rotkohl, Wirsing, Zuckerhut, Knollenfenchel, Lauch	**Pflanzen:** Chinakohl, Grünkohl, Endivie, Radicchio, Knollenfenchel, Kopfsalat, Romanasalat, Eissalat, Zuckerhut, Kohlrabi, Lauch
Ernten: Dicke Bohnen, Blumenkohl, Weißkohl, Rotkohl, Wirsing, Kopfsalat, Pflück- und Schnittsalat, Radieschen, Rettich, Erbsen, Wintersteckzwiebeln, Spinat	**Ernten:** Busch-, Stangen- und Feuerbohnen, Dicke Bohnen, Tomaten, Gurken, Zucchini, Salate, Mangold, Karotten, Erbsen, Rotkohl, Weißkohl, Wirsing, Blumenkohl, Brokkoli, Kohlrabi, Radieschen, Rettich, Zuckermais, Wintersteckzwiebeln, Frühkartoffeln	**Ernten:** Gurken, Zucchini, Tomaten, Paprika, Busch-, Stangen- und Feuerbohnen, Erbsen, Salate, Mangold, Karotten, Radieschen, Rettich, Blumenkohl, Brokkoli, Weißkohl, Rotkohl, Wirsing, Kohlrabi, Zwiebeln, Schalotten, Lauch, Zuckermais, Rettich, Kartoffeln

* Ab Juni im Freien

September	Oktober
Ins Frühbeet oder unbeheizte Gewächshaus säen: Feldsalat, Spinat, Wintersalate (z. B. 'Maiwunder', 'Winter Butterkopf') **Direkt ins Beet säen:** Feldsalat, Spinat **Im Freien pflanzen:** Endivie, Wintersteckzwiebeln	**Auf den Beeten überwintern:** Grünkohl, Rosenkohl, Lauch, Spinat, Feldsalat, Pastinaken, Schwarzwurzeln, Radicchio (alle möglichst mit Winterschutz aus Vlies oder Reisig)
Ernten: Feldsalat, Salate, Mangold, Endivie, Spinat, Tomaten, Paprika, Gurken, Zucchini, Kürbis, Karotten, Pastinaken, Busch-, Stangen- und Feuerbohnen, Brokkoli, Blumenkohl, Weißkohl, Rotkohl, Wirsing, Kohlrabi, Rettich, Radieschen, Zwiebeln, Lauch, späte Kartoffeln	**Ernten:** Chinakohl, Rotkohl, Weißkohl, Wirsing, Brokkoli, Blumenkohl, Kohlrabi, Spinat, Feldsalat, Salate, Endivie, Zuckerhut, Sellerie, Schwarzwurzeln, Pastinaken, Radieschen, Rettich, Lauch, Karotten, Kürbis, Gurken, Zucchini, Paprika, Tomaten, späte Kartoffeln

Mini-Äpfel: hübsch und köstlich

Zieräpfel kullern geradewegs ins Gärtnerherz. Denn wer die Kleinen einmal rund ums Jahr beobachtet hat, kann sich ihrem Charme kaum entziehen.

Was gärtnerische Leidenschaften betrifft, ist es immer das Gleiche: Die Engländer haben sie mit Sicherheit als Erste für sich entdeckt. Beim Zierapfel war es jedenfalls so.
Während er bei hiesigen Gärtnern bis vor Kurzem zum wilden Heckengestrüpp zählte, gehörten die dekorativen Zwergapfel-Sorten auf der Insel längst selbstverständlich zum Garten und zur Küche dazu.
Zugegeben, als knackiger Snack macht das Mini-Obst wahrscheinlich keine Karriere mehr – zu sauer, zu hart, zu wenig. Stattdessen sorgt sein würzig-herbes Aroma aber für das i-Tüpfelchen im Apfelsaft oder Apfelwein.
In Großbritannien reicht man zu verschiedenen Speisen außerdem süß-saure Pickles aus Zieräpfeln. Obendrein beweisen die kleinen Früchte großes Gelee- und Marmeladentalent. Ganz abgesehen davon, dass die kleinen Bäume und Sträucher samt Blüte, Blatt und Apfel wunderschön aussehen.
Apfelbäume kennen keine Allüren. Wer ihnen einen halbsonnigen bis sonnigen Platz reserviert und für tiefgründigen, nahrhaften Boden sorgt, hat bereits all ihre Wünsche erfüllt. Lediglich große Hitze und starker Wind setzen ihnen zu. Dann blühen sie spärlich und die Blätter fallen schon im Spätsommer.
Bei Zieräpfeln erübrigt sich der Schnitt. Sind die Bäume erst mal erzogen, kommt die Schere nur noch bei toten Ästen und Wassertrieben zum Einsatz.

Sorten-Sortiment

Die Europäische Baumschulvereinigung kennt rund 300 Zierapfel-Sorten.

- Die bekannteste heißt **'Evereste'**. Sie fruchtet üppig und trägt knapp 3 cm große, orangerote Äpfelchen, deren Sonnenbacken während der Reife kräftig erröten. Mindestens bis Januar halten sie dem winterkahlen Geäst die Treue. Mit 4–6 m übernimmt 'Evereste' entweder die Rolle des kleinen Hausbaums oder beweist Mannschaftsgeist in einer gemischten Hecke.
- Ganz ähnlich wächst **'Red Sentinel'**, an ihr reifen kirschrote Äpfelchen.

Zieräpfel benötigen den Pollen einer fremden Sorte, damit Früchte reifen. Wo ein Apfel wächst, darf ein zweiter nicht weit sein, egal ob er kleine oder große Früchte trägt.

'Golden Hornet'

'John Downie'

'Evereste'

- Wer wenig Platz hat, lädt **'Adirondack'**, **'Gracilis'**, **'Red Jade'**, **'Fontana'**, **'Tina'** oder **'Pomzai'** in den Garten ein. Sie werden auch nach Jahren und ohne großen Schnittaufwand kaum größer als 2 m.
- Bis zu 7 m hoch hinaus wollen **'Van Eseltine'** und **'Street Parade'**. Allerdings achten sie streng auf ihre Linie und bleiben ewig rank und schlank. Sie machen im Vorgarten oder an der Hauswand die beste Figur. 'Van Eseltine' startet mit voller Wucht in den Frühling und hüllt sich verschwenderisch in eine Wolke leicht gefüllter rosa Blüten – leider auf Kosten des Fruchtschmucks im Herbst, der (wie bei fast allen Sorten mit gefüllten Blüten) eher unscheinbar ausfällt.
- Der Schorfpilz macht vor den Minis leider nicht Halt, doch robuste Sorten wie **'Evereste'**, **'Golden Hornet'**, **'Street Parade'**, **'Sugar Time'**, **'Tina'**, **'Red Sentinal'** trotzen ihm.

Wie sehr sich ein Apfelbaum – egal, ob mit großen oder kleinen Früchten – im Garten breitmacht, hängt übrigens nicht nur von der Sorte ab. Vor allem die Unterlage (also die Wurzel), auf die sie veredelt wurde, bestimmt Größe und Wuchs der Pflanze. Zieräpfel werden vor allem auf schwache Unterlagen gepfropft.

Mini-Apfelhecke

Blüten im Frühling, satt-grünes Laub im Sommer, bunte Früchtchen im Herbst und Winter – eine **Zierapfel-Hecke** gibt dem Garten rund ums Jahr einen gelungenen Rahmen.
Die Mini-Äpfel lassen sich gut in Form bringen, weil sie an 1- bis 3-jährigen Trieben blühen und sich stärker verzweigen als viele großfrüchtige Sorten.
Besonders bunt wird die Hecke, wenn Sie verschiedene Sorten pflanzen, die sich in der Reihe abwechseln.

- Die beste Pflanzzeit ist der Oktober, wenn das Wachstum abgeschlossen ist, aber strenger Frost noch eine Weile auf sich warten lässt.
- Drei Bäumchen pro Meter ergeben eine dichte, aber nicht zu gedrängt wirkende Hecke.
- Stutzen Sie die Apfelhecke im ersten Frühling auf die Hälfte ihrer Höhe, die Seiten kürzen Sie um 10 cm ein. Dann verzweigen sich die Bäumchen gut.
- Bauen Sie die Hecke jährlich um 20 cm auf, bis die gewünschte Höhe und Breite erreicht ist. Kappen Sie den Zuwachs stets im Frühling, bevor die Pflanzen im Juni die Blütenknospen für das Folgejahr anlegen.
- Formen Sie Ihre Apfelhecke im Querschnitt zu einem Trapez, damit auch die Basis immer ausreichend Licht abbekommt und nicht verkahlt.
- Der Fuß solllte 80 cm breit sein, damit die Hecke zuverlässig blüht und fruchtet.

Gute Gründe für einen Zierapfel

- **Er ist rund ums Jahr einen Blick wert:** Gärtner müssen weder auf üppige Blüten noch auf hübsche Früchte oder buntes Herbstlaub verzichten.
- **Der kleine Baum bereitet Vögeln ein Festmahl.** Am liebsten naschen die Tiere im Herbst und Winter von Sorten mit sehr kleinen Äpfeln.
- **Der Zierapfel ist ein idealer Hausbaum.** Für jede Gartengröße findet sich der richtige: egal ob ausladend, klein, breit oder schlank.
- **Aus den Früchten lässt sich schöner Herbst- und Winterschmuck basteln,** ohne dass der Anblick im Garten darunter leidet. Denn es reifen immer so viele Früchte, dass sie für drinnen und draußen reichen.
- **Böse Geister trauen sich nicht an ihm vorbei:** Denn die sind (wie der Volksmund vermutet) besessen von einem Zähl-Wahn. Und die vielen Äpfelchen durchzunummerieren – das dauert länger als die Ewigkeit.
- **Er hilft den großen Tafeläpfeln,** viele Früchte anzusetzen. Bienen fliegen nämlich auf die süßen Blüten und tragen ihre Pollen fleißig zu den großfrüchtigen Geschwistern in der Nachbarschaft.

Zum Kugeln schön

Es soll Bräute geben, die ihren Hochzeitstermin extra auf den Spätsommer legen, damit kleine Zieräpfel ihren **Brautstrauß** schmücken. Schließlich versprechen Äpfel im Bouquet Fruchtbarkeit und ewige Liebe. Aber auch ohne Traualtar und Volksglauben machen die runden Früchtchen hübsch was her: im **Türkranz**, als **Tisch-Dekoration** oder später im Jahr als **Weihnachtskugeln**. Die langen Stiele mit Draht umwickelt – so lassen sich die Früchte zu endlosen Ketten knüpfen.

Mit Heißkleber fixiert, umrunden sie Kränze aller Art. Und das für eine ganze Weile: Denn die harten Äpfelchen erweichen auch bei Raumtemperatur erst nach vielen Wochen, in kühlen Räumen bleiben sie sogar Monate lang knackig. Mit am längsten hält die Sorte 'Evereste'. Wer die Früchte besonders gut konservieren möchte, taucht sie vor dem Basteln kurz in heißes Wachs. Zieräpfel haben von Signal-Rot bis Blass-Grün alle Nuancen im Repertoire. Das heißt, sie passen zu jedem Einrichtungsstil.

Im kühlen Hausflur oder an der Haustür halten Zieräpfel monatelang. Selbst wenn der Frost sie einmal packt, bedeutet das nicht sofort ihr aus. Erst nach mehreren klirrend kalten Nächten werden die Früchte matschig.

Sanddorn, die Superbeere

Wenn der Sanddorn etwas Platz für sich bekommt, schlägt er auch im Garten Wurzeln. Dort spendiert er Jahr für Jahr gesunde Früchte.

Sanddorn-Sträucher fallen auf, egal wo sie stehen, ob im Garten oder in freier Natur. Sie heben sich deutlich ab von ihrer Umgebung dank ihres bizarren Wuchses, der schmalen, silbrig grünen Blätter und der leuchtend orangen Beeren. Mit den mehreren Zentimeter langen, spitzen Astspießen macht jeder eindrucksvoll Bekanntschaft, der sich dem Gehölz zu ungestüm nähert. Wer sich jedoch von der schroffen Abweisung nicht ins Bockshorn jagen lässt, den wird beindrucken, was sich hinter dem ruppigen Auftreten des Sanddorns verbirgt.

In Tibet zu Hause

Das Gehölz stammt aus Zentralasien. In der Mongolei, in Tibet und angrenzenden Gebieten Chinas und Indiens wachsen die Sträucher wild. Dort haben sie gelernt, mit trockener Hitze im Sommer und sibirischer Kälte im Winter zurechtzukommen. Nach der letzten Eiszeit machte sich das Gehölz auf den Weg nach Westen und schlug vor allem Wurzeln in den Küstenregionen. Im nördlichen Osteuropa, in Finnland, Schweden und an Nord- und Ostsee ist der Seedorn weit verbreitet. Mit ihren weit verzweigten, langen Wurzeln krallt sich die Pionierpflanze im Dünensand fest. Die Sanddorn-Insel schlechthin ist Hiddensee. Auch in einigen Alpentälern und im Voralpenland entlang von Flussbetten wie Lech und Inn gibt es große Sanddorn-Vorkommen. Der buschige **Alpen-Sanddorn** bildet kleinere Beeren als der großstrauchige **Küsten-Sanddorn**. Die kleinen, kugeligen Früchte der Gebirgs-Formen enthalten jedoch mehr Vitamin C als die großen Beeren von der See.

Vermutlich trieb sein Lichthunger den Sanddorn an die Küsten und in die Berge. Dort fand er zwar nur magere Standorte, doch bedrängten ihn auf den stickstoffarmen Böden keine anderen Pflanzen, überwucherten ihn oder erstickten ihn gar. Seine Gier nach Licht bezahlt das Gehölz jedoch keineswegs mit einem kargen Leben. Seine Wurzeln haben sich mit im Boden lebenden Bakterien *(Frankia)* angefreundet, die Stickstoff aus der Luft fischen und ihnen gegen Logis und Kost zur Verfügung stellen. Die Bakterien leben in Knöllchen an der Wurzel ähnlich wie die Rhizobien-Bakterien der Hülsenfrüchtler. Sie sind so effiziente

Sanddornbeeren haften fest am Zweig. Um an sie heranzukommen, zwickt man die Stiele entweder mit der Schere ab oder schneidet komplette Triebe vom Baum und friert sie ein. Einmal gefrostet, lassen sich die Früchte abschütteln.

Stickstoff-Fänger, dass selbst Pflanzen, die im Wurzelbereich der Wirtspflanze wachsen, davon profitieren.
Neben Sanddorn versorgen diese Bakterien auch Erlen, Säckelblume *(Ceanothus)* und einige andere Pflanzenarten mit Stickstoff. Da die Mikroorganismen nur in luftiger Umgebung gut gedeihen und das Gehölz am Wohl seiner Untermieter interessiert ist, bevorzugt es stark durchlüftete Böden und breitet den Großteil seiner stark verzweigten Wurzeln flach aus. Aufgrund dieser Eigenschaft wird Sanddorn gerne an steilen Böschungen (z.B. Autobahnen) oder sonstigen erosionsgefährdeten Standorten angepflanzt. Werden die Wurzeln von anderen Gehölzen oder Hindernissen wie Wegplatten bedrängt oder durch Hacken beschädigt, sprießen aus dem Boden bald zahlreiche junge Pflanzen. Wo die Ausläufer stören, hilft eine dicke Mulchschicht, um sie zu ersticken.

Sandorn im Garten

Es gibt **viele Gründe**, sich Sanddorn in den Garten zu holen: Das Gehölz

- kommt mit kargen Böden zurecht
- reichert den Boden mit Stickstoff an
- befestigt Böschungen
- ist dekorativ und pflegeleicht
- liefert Früchte mit einzigartigen Inhaltsstoffen.

Als Zugeständnis an seine Unabhängigkeit sollte man dem Sanddorn einen Platz zuweisen, wo er ungestört wachsen kann. Ungeeignete Standorte sind Formhecken und andere Dichtpflanzungen.
Mit seinen schmalen, silbrigen Blättern ist der Seedorn sehr gut an volle Sonne und hohe Lichtintensitäten angepasst wie sie an der See und im Gebirge auftreten. Feine, helle Härchen auf den Blattunterseiten beschränken die Verdunstung und damit den Wasserverlust auf ein Minimum.
Große Mengen an Radikalenfängern wie Vitamin C und Carotinoide schützen die Früchte vor der hohen Strahlung. Je nach Witterung und Standort enthalten die Beeren 200 (Ostsee) bis 1300 (Alpen) mg Vitamin C/100 g. Unter den heimischen Pflanzen können da nur Hagebutten mit 600–1200 mg/100 g mithalten. Zitronen mit etwa 50 mg oder Äpfel und Kartoffeln mit bis zu 20 mg liegen weit abgeschlagen auf den hinteren Rängen.

Gesünder als Zitronen

Im Spätsommer, Herbst ist der Gehalt am höchsten und nimmt anschließend langsam ab. Auch in verarbeiteten Sanddornfrüchten, in Mus oder Saft, ist reichlich Vitamin C enthalten, da Biophenole das Vitamin vor Zerstörung durch Hitze und Sauerstoff schützen. Und es stecken noch weitere Vitamine in den Beeren: E, B_1, B_2, B6 und sogar das begehrte B_{12}, das von Mikroorganismen, die auf der Schale siedeln, gebildet wird.
Die orangen Beeren strotzen zudem vor Carotinoiden. Neben Betacarotin, das im Körper in Vitamin A umgewandelt wird, sind in Sanddorn viele andere zellschützende Farbstoffen enthalten, ebenso Mineralstoffe wie Calcium, Magnesium, Mangan und Eisen sowie Folsäure.
Es gibt nur wenige Obstarten, die Öl in ihren Früchten speichern: Sanddorn gehört dazu. Die pflanzlichen Ölsäuren sind ungesättigt und damit für den menschlichen Körper besonders wertvoll. In ihrer Heimat Tibet und Mongolei hat die eurasische Pflanze eine sehr lange Tradition in der Volksheilkunde.
Sanddornöl wirkd schmerzlindernd, entzündungshemmend, es fördert die Heilung von Wunden aller Art wie Schnitte, Ekzeme, Verbrennungen, Sonnenbrand oder Strahlenschäden. Es glättet Falten und macht rissige, trockene Haut wieder weich und elastisch.
Am meisten profitiert von der Trendpflanze Sanddorn, wer die ganzen Beeren isst. Neben den Abwehrkräften bringen sie das Herz-Kreislauf-System auf Trab. Der Ölgehalt ist in unseren Breiten zwar nicht so hoch wie in Zentralasien, doch es ist die Summe an Inhaltsstoffen die den Wert dieser Früchte ausmachen. Wegen der hohen Konzentration an Inhaltsstoffen genügen einige Beeren als Multivitamin-Lieferant. Wichtig ist, Sanddorn regelmäßig, am besten täglich zu sich zu nehmen. Dann entfaltet er seine größte Schutzwirkung.

Beerenernte

Sanddorn-Beeren sitzen dicht gedrängt und fest am Zweig, auch bei Überreife fallen sie nicht ab.
Wer Geduld hat, durchschneidet im Herbst die kurzen Stielchen der Beeren mit einer Schere. Ungeduldige entfernen ganze Fruchtzweige, waschen sie, tupfen sie trocken, stecken sie in eine Kunststofftüte und legen sie in die Kühltruhe. Sind die Beeren erst einmal tiefgefroren, lassen sie sich leicht von den Zweigen klopfen und weiter verarbeiten. Die Pflanze verträgt den rigorosen Schnitt ohne Probleme.
Damit die Beeren lange halten, trocknet man sie, presst sie zu Saft oder kocht daraus Marmelade. So reicht der Vitaminvorrat bis zur nächsten Ernte.
Unter Gärtnern ist die Sorte 'Leikora' sehr beliebt. Sie setzt reichlich Früchte an, die in kräftigem Orange leuchten.

Steckbrief

Sanddorn *(Hippophae rhamnoides)* gehört wie Ölweide *(Eleagnus)* und Büffelbeere *(Shepherdia)* zur Familie der Ölweidengewächse (Elaeagnaceae).
Biologie: Sanddorn ist zweihäusig, es gibt weibliche und männliche Pflanzen. In Mitteleuropa treten zwei verschiedene Unterarten auf – an der Küste und entlang von Flussläufen der Alpen.
Blüte: Die Blüten erscheinen je nach Standort, Witterung und Sorte von März bis Mai vor dem Blattaustrieb. Sie locken mit feinem Honigduft Insekten an, die Bestäubung erfolgt jedoch größtenteils mit dem Wind. Legt man Wert auf hohen Fruchtertrag, sollte man beim Pflanzen auf die Hauptwindrichtung achten. Als Faustregel gilt: Eine männliche Pflanze bestäubt mit ihrem Pollen etwa sechs weibliche Pflanzen.
Wuchs: Je nach Typ, Lichtbedingungen und Bodenverhältnissen werden die Sträucher 2–6 m hoch.
Wurzel: Das flach verlaufende Wurzelsystem breitet sich bis zu 10 m aus. In kleinen Knöllchen an den Wurzeln leben Bakterien *(Frankia)*, die Stickstoff aus der Luft binden und der Pflanze zur Verfügung stellen. Verletzte Wurzeln (Hacken, Fräsen ...) schlagen aus und bilden Sprößlinge.
Fruchtsorten wie 'Hergo', 'Frugana', oder 'Dorana' wurden für den industriellen Anbau gezüchtet. Seit einigen Jahren ist die Sorte 'Sandora' (Häberli, Schweiz) auf dem Markt. Sie bildet Früchte ohne Bestäubung (parthenokarp), es genügt, nur einen Strauch zu pflanzen. 'Sandora'-Beeren haben einen besonders hohen Öl-Gehalt.

Sanddorn-Beeren bieten eine verschwenderische Fülle an leuchtend orangefarbenen Carotinoiden, an wertvollen Ölsäuren, an Vitamin C, Folsäure sowie zahlreichen Mineralstoffen.

Sauer macht gesund

Weil Sanddornbeeren ungewöhnlich viel Vitamin C (Ascorbinsäure) enthalten, sind sie sehr sauer. Biophenole sorgen zusätzlich für eine herbe Note. Am besten schmecken die Beeren wohl dosiert und leicht zerdrückt in Natur-Joghurt, Quark, Müsli oder Milch.

Sanddornbeeren sollten im September, spätestens Anfang Oktober geerntet werden, weil dann ihr Gehalt an Vitamin C am höchsten ist.

Je nach Sorte und Ökotyp sind die Beeren klein, rund, oval oder länglich. Die Fruchtfarbe variiert von Gelb bis tief Rotorange. Leicht zerquetscht und in kleinen Portionen tiefgefroren, lässt sich ein Wintervorrat an Beeren anlegen, ohne die wertvollen Inhaltsstoffe zu zerstören.

Wer täglich 5–10 zerdrückte Beeren (etwa einen Esslöffel voll Mus) zu sich nimmt, versorgt seinen Körper mit ausreichend Vitaminen und anderen wichtigen Stoffen. Er stärkt sein Immunsystem, beugt Erschöpfungszuständen vor und schützt sich vor den Angriffen von Viren, die Erkältungen und Grippe auslösen.

Vögel im Garten zu Gast

Ist das Futterhäuschen mit der richtigen Nahrung gefüllt, lassen gefiederte Besucher nicht lange auf sich warten.

Unerschrocken mischt sich der Kleiber unter die anderen Vögel am Boden, pickt Sämereien auf oder turnt an Meisenknödeln herum.

Egal, wo Sie den Vögeln ihr Fressen servieren, ob im Futterhaus, in einer Futtersäule, ausgestreut auf dem Rasen oder auf abgeräumten Gemüsebeeten – wer die Gäste bei ihrem Treiben beobachten möchte, legt die Futterplätze am besten dort an, wo man sie vom Zimmer aus ungehindert sehen kann. Vögel bevorzugen Orte, die in der Sonne liegen und nach allen Seiten offen sind, damit sie drohende Gefahr erkennen und bei Bedarf schnell flüchten können.

Wer Futter an mehreren Stellen auslegt, vermeidet Streitereien unter den gefiederten Gästen. Im Handel findet man viele Futterhäuschen im schicken Design, doch oft haben sie nur eine kleine Öffnung, sind eng und dunkel. Die meisten Vögel meiden diese Futterhöhlen.

Amseln inspizieren am liebsten den Kompost und wenden die oberste Schicht mit kräftigen Schnabelhieben auf der Suche nach Fressbarem. Dazu zählen außer Regenwürmern oder kleinen Insekten aussortierte, angefaulte Äpfel. Sofern es frostfrei ist, kann man Äpfel (halbiert) auch im Garten auslegen oder im Apfelbaum an die Äste spießen.

Blaumeisen oder **Kohlmeisen** besuchen häufig das Futterhaus, andere Vogelarten wie **Grünfinken, Spatzen, Buchfinken, Kleiber** oder **Kernbeißer** suchen sich ihre Nahrung gerne auf dem Boden. Deshalb sollte man Sämereien auch großflächig auf dem Rasen oder an anderen offenen Stellen im Garten ausstreuen. Die Vögel merken sich diese Futterstellen genau und schauen dort bald täglich vorbei.

Regelmäßig auffüllen

Damit die hungrigen Tiere auf der Suche nach Nahrung keine leergefutterte Station ansteuern und dabei unnötig Energie vergeuden, ist regelmäßiges Auffüllen der Vorräte vor allem in eisigen, schneereichen Wintern Pflicht. Der Tagesbedarf liegt bei 0,5–1 kg Futter.

Je nach Art bevorzugen die Vögel Weichfutter oder Körner, wobei die Übergänge fließend sind. Die harten Körner von Weizen, Roggen, Gerste oder Hafer mögen übrigens die wenigsten. Nur Ringeltauben picken die Samen auf und weichen sie in ihrem Kropf ein. Geschrotet ist das Getreide auch für andere Vögel ein Leckerbissen.

Eine besondere Delikatesse sind in Rapsöl oder anderem Pflanzenöl eingeweichte Haferflocken. Man mischt die Flocken öfter durch, bis alles Öl aufgesogen ist. Anschließend füllt man das Vogel-Müsli – eventuell mit Rosinen vermengt – in eine flache Schale (Blumenuntersetzer) und stellt sie an einem überdachten Ort auf.

Vögel sind wählerisch

Frieren draußen Stein und Bein, leiden die Vögel große Not. Trotzdem fressen sie nicht alles, was ihnen serviert wird. Die Erfahrung zeigt, dass die geflügelten Gartengäste heikel sein können. Und das sind sie aus gutem Grund: Weil es für sie lebenswichtig ist, ihr Energiedepot möglichst effizient zu füllen, wählen sie unter allen Angeboten stets das energiereichste Futter.

Deshalb ...

- ... bleiben bei so mancher gekauften Futtermischung Reste übrig. Das sind beigemischte Füllstoffe, die das Futter zwar strecken, aber kaum Nährwert haben.
- ... lassen die Vögel auch verschimmelte und verdorbene Gaben links liegen. Sind die fetthaltigen Haferflocken etwa noch vom letzten Jahr und deshalb ranzig? Oder ist das Futter nass geworden und hat Schimmel angesetzt? Dann gibt's nur eins: wegwerfen und für frischen Nachschub sorgen. Am besten in täglichen Portionen und unbedingt im Trockenen.
- ... hängen manche Meisenknödel und -ringe lange unangetastet im Baum. Vielleicht liegt's ja einfach daran, dass das Fett in großer Kälte zu stark gefroren ist, um mit dem Schnabel etwas abzubekommen. Es könnte aber auch sein, dass billige Industriefette verarbeitet wurden, die im schlimmsten Fall auch noch dioxinhaltig sind. Meisenknödel & Co. unterliegen nämlich weder den strengen Bestimmungen des Lebensmittelgesetzes noch denen für Futtermittel – und Kontrollen drohen deshalb auch kaum. Am besten füttert man nur Qualitätsfutter.

Man erkennt es daran ...

- dass das Futter von den Vögeln restlos verputzt wird.
- dass der Hersteller Angaben zum Energiegehalt macht.
- dass es von einer Vogelschutzorganisation (etwa NABU oder LBV) zertifiziert wurde.
- dass Körner, Haferflocken und Rosinen so gut riechen, dass man sie am liebsten selbst probieren möchte. Machen Sie also ruhig mal die Nasen-Probe.

Manche Gärtner bieten außerdem Sonnenblumenkerne, Buchweizen, Leinsamen, Hasel- oder Walnüsse **aus eigenem Anbau** an. Dieses Futter ist preiswert und garantiert frei von schädlichen Zusatzstoffen. Auch was Mutter Natur an Wildobst zu bieten hat, eignet sich als Winterfutter für Vögel, etwa **Früchte, getrocknete Beeren** (Hagebutten, Holunder, Eberesche, Liguster, Felsenbirne, Berberitze ...).
Amseln, Rotkehlchen, Zaunkönige und Stare stärken sich mit tierischen Fetten. Sie picken gerne an einer **ungesalzenen Speckschwarte** (vom Metzger), die in Bäumen oder an eine Wäscheleine hängt.

Ein Futterspender, der frei im Baum hängt, ist katzensicher und hygienisch. Aus ungesalzenem Rindertalg, Speiseöl und einem Körner-Mix lassen sich Futterstationen leicht selbst herstellen.

Füttern erlaubt

Aus dem alten Jägertrick Vögel durch Auslegen von Futter anzulocken, entwickelte sich in unseren Breiten die 200 Jahre alte Tradition Vögel zu füttern. Seit einigen Jahren kam dieser Brauch allerdings ins Gerede. Die einen betrachten das Füttern als moralische Pflicht, die anderen halten es für sentimentalen Humbug, der mehr schadet als nutzt. Die Vögel zu verhätscheln, kranke, schwache Tiere durchzufüttern, sei wider die Natur. Zudem würden nur wenige Vogelarten vom Futter in den Gärten profitieren – meist die, von denen es ohnehin reichlich gibt.

Mittlerweile sehen die meisten Fachleute das Ganze deutlich entspannter. Untersuchungen englischer Naturschutzverbände haben ergeben, dass sich die Fütterung positiv auf den Bestand verschiedener Vogelarten auswirkt – auf lokaler Ebene.

In erster Linie stärkt das Vogelfüttern jedoch die Beziehung des Menschen zur Natur doch es bewahrt keine Vogelart vor dem Aussterben.

Um bedrohte Arten wirklich zu retten, dafür reichen Apfelstückchen, Meisenknödel, Sonnenblumenkerne und und Erdnussbruch nicht aus. Die Tiere wünschen sich einen gesunden Lebensraum.

Fachleute empfehlen deshalb, den Vögeln im Garten zusätzlich natürliche Nahrung und sicheren Unterschlupf zu bieten.

Etwa in Form von ...

- ... Bäumen, Hecken, Gebüsch zum Verstecken und Nisten. Am liebsten ziehen sich die Tiere in dichtes, dorniges Gestrüpp zurück, etwa von Stechpalme, Weißdorn oder Heckenrose. Dort fühlen sie sich am sichersten.
- ... Nistkästen für möglichst viele verschiedene Vogelarten. Diese mindern die Konkurrenz um den besten Brutplatz unter den Tieren.
- ... Falllaub (unter Gehölzen oder in einigen Ecken), unter dem sie eiweißreiche und damit Energie liefernde Beutetiere wie Insekten, Spinnen finden.
- ... Komposthaufen, Holzstapeln, Trockenmauern, Steinhaufen, Reisighaufen und anderen Naturecken, die sie nach Futter absuchen können.
- ... fruchttragenden Gehölzen, die im Herbst und Winter Nahrung liefern: Eberesche, Sanddorn, Heckenrose, Efeu, Pfaffenhütchen, Wilder Wein, Weißdorn und anderen.
- ... Samen von Sonnenblumen, Ampfer, Disteln, Löwenzahn, Kletten, Hirtentäschel und anderen Garten- und Wildpflanzen.

Wohin mit dem Futterhaus?

Tummeln sich Vögel am Futterhaus, interessiert sich bestimmt bald Nachbars Katze oder ein hungriger Sperber dafür. Nach einem Angriff – egal, ob erfolgreich oder nicht – bleibt die Futterstelle oft tagelang verwaist. Damit es erst gar nicht so weit kommt, kann man einiges tun:

1 **Einen übersichtlichen Platz wählen** – damit die Vögel einen anschleichenden Stubentiger rechtzeitig bemerken.

2 **Katzen abwehren:** Um Futterhäuser auf Pfosten gegen vierbeinige Klettermaxe zu sichern, gibt's im Handel spezielle Abwehrmanschetten. Aber auch festgebundene Dornenzweige erfüllen hier ihren Zweck.

3 **Im Käfig füttern:** Der Handel führt Futtersilos mit Schutzkäfig. Kleine Vögel schlüpfen zwischen den Stäben durch und können sich ohne Gefahr gütlich tun.

4 **Auf Deckung achten:** Vögel meiden Futterstellen, die nur im freien Flug und ohne Deckung zu erreichen sind. Das bereitet ihnen großen Stress. Darum ist es gut, bei der Wahl des Futterplatzes auch die Nachbarschaft ins Auge zu fassen: Wo gibt es dort geeignete Gehölze für eventuelle Zwischenstopps beim Anflug?

Oben: Haben die Vögel vom Futterhaus aus die Umgebung im Blick, sehen sie Feinde rechtzeitig.
Unten: Stare stochern gerne im Obst, noch lieber sind ihnen aber Fleisch oder Mehlwürmer.

Vorlieben der Vögel

Jede Vogelart hat ihr Lieblingsessen. Wer weiß, was wem am besten schmeckt, kann seinen gefiederten Besuch mit dem richtigen Futterangebot gezielt einladen. Den **Buntspecht** zum Beispiel lockt man mit Erdnüssen und Fettfutter an, den **Kernbeißer** mit einem Körnergemisch, Erdnüssen und Sonnenblumenkernen. **Amseln** und **Drosseln** schlemmen auch gern Obst und der so gar nicht wählerische **Grünfink** nimmt fast alles.

Das bedeutet: Je vielfältiger das Futterangebot ist, desto mehr Vogelarten finden etwas Passendes. Und wird dazu auch noch artgerecht serviert, dann ist das Garten-Restaurant bald bis zum letzten Platz besetzt.

Wenn die Gäste ausbleiben

Wer schon zeitig im Herbst mit der Fütterung beginnt – oder vielleicht bereits das ganze Jahr durchfüttert, ist an großen Ansturm gewöhnt. Aber plötzlich wird von heute auf morgen der Flugbetrieb deutlich reduziert? Und das obwohl es jetzt so kalt ist?

Genau das ist der Punkt: Inzwischen haben nämlich auch die Nachbarn links und rechts ihre Meisenknödel und Futtersilos für notleidende Gartengäste aufgehängt und die Vögel verteilen sich jetzt auf mehrere Anlaufstellen. Aber natürlich werden die mit den besonders schnabelgerechten Happen immer noch bevorzugt.

Für jeden das richtige Futter

Vogelart	Fetthaltige Samen, Nüsse	Feine Sämereien	Tierfette (Schwarte, Talg)	Trockenfleisch, Mehlwürmer	Trockenbeeren, Obst	Getreide, Brot
Ammern	●	●				
Amsel	●	○		●	●	
Bachstelze				●		
Baumläufer			●	○		
Blaumeise	●	●	●	●		
Elster und Krähen	○		○	●		●
Enten						●
Finken	●	●	○			○
Gimpel	●	●			○	
Girlitz		●				
Goldhähnchen		○	●	●		
Grünling	●	●	●			
Häher	●		●	○	○	○
Hänfling		●				
Hausrotschwanz				●		
Heckenbraunelle		○	○	●		
Kernbeißer	●	○				
Kleiber	●	○	●			
Kohlmeise	●	●	●	●		
Kreuzschnabel	●	●				
Mönchsgrasmücke				●	●	
Rotkehlchen		○	○	●	○	
Seidenschwanz					●	
Spechte	●		●	○	○	
Sperlinge	●	●	●			○
Star				●	○	
Stieglitz		●				
Tauben	○	○				●
Zaunkönig		○	○	●		
Zeisige	○	●				

● = Hauptnahrung ○ = Nebennahrung

Adressen, die Ihnen weiterhelfen

Gemüse- und Kräutersamen

Ellenbergs Kartoffelvielfalt
Ebstorfer Straße 1
29576 Barum
Tel.: 0 58 06/3 04
www.kartoffelvielfalt.de
(Bio-Pflanzkartoffeln: alte und seltene Sorten)

Dreschflegel
Postfach 12 13
37202 Witzenhausen
Tel.: 0 55 42/50 27 44
www.dreschflegel-saatgut.de
(Bio-Saatgut)

Bruno Nebelung
Postfach 1263
48348 Everswinkel
Tel.: 0 26 61/9 40 52 84
www.nebelung.de
(Gemüse, Stauden, Sommerblumen, Rosen, Obst)

Ahrens und Sieberz
Hauptstraße 440
53721 Siegburg
Tel.: 01 80/5 14 05 15
www.as-garten.de
(Gemüse, Kräuter, Stauden, Sommerblumen, Rosen, Obst)

Bingenheimer Saatgut
Kronstraße 24
61209 Echzell-Bingenheim
Tel.: 0 60 35/1 89 90
www.bingenheimersaatgut.de
(Bio-Saatgut)

Blauetikett-Bornträger
67591 Offstein
Tel.: 0 62 43/90 53 26
www.blauetikett.de
(Bio-Saatgut)

Keller Biogarten und Gesundheit
Konradstraße 17
79100 Freiburg
Tel.: 07 61/70 63 13
www.biokeller.de
(Bio-Saatgut)

grünerTiger
Felix Lage
Fallerstraße 18
82433 Bad Kohlgrub
Tel.: 0 88 45/7 57 99 88
www.gruenertiger.de
(Bio-Saatgut: alte Kulturpflanzen/Sorten)

Biosaatgut
Gaby Krautkrämer
Weingartenstraße 58
97252 Frickenhausen am Main
Tel.: 0 93 31/9 89 42 00
www.bio-saatgut.de
(Bio-Saatgut)

Arche Noah
Obere Straße 40
A-3553 Schiltern
Tel.: + 43/(0) 27 34/8 62 60
www.arche-noah.at
(Bio-Saatgut: alte Sorten)

Reinsaat Emmelmann
A-3572 St. Leonhard am Hornerwald 69
Tel.: + 43/(0) 29 87/23 47
www.reinsaat.co.at
(Bio-Saatgut)

Kräuter

Kräuter-Simon
Strengweg 1, Efkebüll
25842 Langenhorn
Tel.: 0 46 72/77 67 99
www.kraeuter-simon.com
(Bio-Kräuter)

herb's Bioland Gärtnerei
Herbert Vinken
Stedinger Weg 16
27801 Dötlingen OT Nuttel
Tel.: 0 44 32/9 40 03
www.herb-s.de
(Bio-Kräuter)

Kräuter- und Wildpflanzenversand
Friedhelm Strickler
Lochgasse 1
55232 Alzey
Tel.: 0 67 31/38 31
www.gaertnerei-strickler.de
(Bio-Pflanzen: Kräuter, Stauden, Gemüse, Gehölze)

Hof Berg-Garten
Lindenweg 17, Großherrischwand
79737 Herrischried
Tel.: 0 77 64/2 39
www.hof-berggarten.de
(Bio-Kräuter, Bio-Wildblumen)

Stauden

Staudengärtnerei Arends Maubach
Monschaustraße 76
42369 Wuppertal
Tel.: 02 02/46 46 10
www.arends-maubach.de
(Stauden, Gräser)

Syringa Duftpflanzen und Kräuter
Untere Gräben
78247 Binningen
Tel.: 0 77 39/14 52
www.syringa-pflanzen.de
(Bio-Pflanzen: Stauden, Kräuter)

Staudengärtnerei Gräfin von Zeppelin
Weinstraße 2
79295 Sulzburg-Laufen
Tel.: 0 76 34/6 97 16
www.graefin-v-zeppelin.com
(Stauden, Gräser, Kräuter, Rosen)

Blumenschule
Augsburger Straße 62
86956 Schongau
Tel.: 0 88 61/73 73
www.blumenschule.de
(Bio-Pflanzen: Stauden, Sommerblumen, Kräuter)

Staudengärtnerei Gaißmayer
Jungviehweide 3
89257 Illertissen
Tel.: 0 73 03/72 58
www.gaissmayer.de
(Stauden, Kräuter, Gräser)

Sarastro-Stauden
Ort 131
A-4974 Ort im Innkreis
Tel.: + 43/(0) 77 51/84 24
www.sarastro-stauden.com
(Stauden, Alpenpflanzen, Raritäten)

Rosen

Rosenschule Ruf
Zum Sauerbrunnen 35
61231 Bad Nauheim-Steinfurth
Tel.: 0 60 32/8 18 93
www.rosenschule.de

Obstgehölze

Bioland Baumschule & Obstgarten Dr. Ute Hoffmann
Uepser Heide 1
27330 Asendorf
Tel.: 0 42 53/80 06 22
www.hoffmann-obstbaumschule.de
(Bio-Gehölze)

Baumgartner Baumschulen
Hauptstraße 2
84378 Nöham
Tel.: 0 87 26/2 05
www.baumgartner-baumschulen.de
(alte und seltene Sorten)

Baumschule Brenninger
Hofstarring 2
84439 Steinkirchen
Tel.: 0 80 84/25 99 01
www.brenninger.de
(Bio-Gehölze)

Bayerisches Obstzentrum (Bay|O|Z)
Dr. Michael Neumüller
Am Süßbach 1
85399 Hallbergmoos
Tel.: 08 11/99 67 93-23
www.obstzentrum.de

Rebschule Steinmann
Sandtal 1
97286 Sommerhausen
Tel.: 0 93 33/17 64
www.reben.de
(Weintrauben)

Stichwortverzeichnis

Bildnachweis

Ahrens+Sieberz GmbH & Co KG: 71l, 71r
Baumjohann: 49(3), 52(4)
Borkowski: 1, 14, 18, 39ul, 79, 112, 126
Ellenberg's Kartoffelvielfalt GbR: 30(4)
Flora Press/BIOSPHOTO/Harold Verspieren/Digitalice: 66r
Flora Press/BIOSPHOTO/Jean-François Mutzig: 161
Flora Press/BIOSPHOTO/NouN: 94
Flora Press/Flowerphotos/Catherine Lewis: 100
Flora Press/FocusOnGarden/Borstell: 122ur
Flora Press/Gisela Caspersen: 114
Flora Press/Helga Noack: 124, 125(5)
Flora Press/Nova Photo Graphik: 122l
Flora Press/Otmar Diez: 41, 163
Flora Press/Practical Pictures: 82(2)
Flora Press/The Garden Collection/Derek St. Romaine: 72(3)
Flora Press/The Garden Collection/John Glover: 76l
Flora Press/The Garden Collection/Liz Eddison: 59
Flora Press/Visions: 63, 64, 116m, 122or, 160
Ailin – Fotolia.com: 29
DLeonis – Fotolia.com: 19
Franke: 104
GAP/BBC Magazines Ltd: 20, 26, 47, 111
GAP/Carole Drake: 27
GAP/Claire Higgins: 69, 131
GAP/Clive Nichols: 93
GAP/Dave Bevan: 21, 95, 165
GAP/Dianna Jazwinski: 142
GAP/FhF Greenmedia: 8r, 36, 54, 58, 60u, 88, 138
GAP/Fiona Lea: 153
GAP/GAP Photos: 8l, 11, 33, 115, 166(2)
GAP/Gary Smith: 6, 9, 121, 148
GAP/Geoff du Feu: 85
GAP/Gerald Majumdar: 144or
GAP/Heather Edwards: 44
GAP/Howard Rice – Buckland: 123l
GAP/Howard Rice: 84, 99, 141(3), 158m
GAP/J S Sira: 42, 55u, 90, 144ol
GAP/Jason Smalley: 116r, 117
GAP/Jerry Harpur: 113, 135
GAP/Jo Whitworth: 103, 158l, 158r
GAP/John Glover: 78, 80, 92, 144ul
GAP/Jonathan Buckley: 8m, 60o, 101, 128or, 136
GAP/Julia Boulton: 46
GAP/Juliette Wade: 65um, 74, 134, 159
GAP/Lee Avison: 24, 28, 116l, 149
GAP/Leigh Clapp: 43
GAP/Lynn Keddie: 34
GAP/Mark Bolton: 15, 51
GAP/Mark Winwood: 7, 25, 32, 37
GAP/Martin Hughes-Jones: 45(3)
GAP/Maxine Adcock: 31(2), 55or, 66l, 89, 130, 167
GAP/Paul Debois: 17(3), 76r, 156
GAP/Pernilla Bergdahl: 10, 39o, 68, 143
GAP/Rachel Chappell: 150
GAP/Richard Bloom: 102, 120, 123r
GAP/Rob Whitworth: 65u
GAP/Ron Evans: 144ur
GAP/Sarah Cuttle: 39ur
GAP/Thomas Alamy: 140
GAP/Tim Gainey: 157
GAP/Tommy Tonsberg: 70, 75
GAP/Victoria Firmston: 62, 139
GAP/Zara Napier: 16, 152
GBA/Staffler/Friedrich Strauß: 50
Kiepenkerl – Bruno Nebelung GmbH: 65o
Meyer-Rebentisch: 4r, 5r, 56/57, 146/147
niehoff/HJT: 127
niehoff/Michael Krabs: 168
niehoff/OFS: 128ol, 128ul, 128ur
Panthermedia.net/Alexandra Rölleke: 22
Panthermedia.net/Michael Weirauch: 164
Pelzer: 4l, 5l, 12/13, 118/119
Pforr: 106, 107
Simone Hainz/pixelio.de: 98
JPW.Peters/pixelio.de: 168o
rebel/pixelio.de: 105
Rebschule Steinmann: 132(4)
Rogers: 2/3
Staudengärtnerei Gaissmayer: 71o
Strauß: 55ol, 65om, 67, 110, 145

Grafiken:

Christine Faltermayr: 35, 77, 83, 137, 154
Heidi Janiček: 53, 81
Marlene Passet: 86, 87, 96, 97,133
Johannes-Christian Rost: 108, 109

Impressum

Bibliografische Information der Deutschen Nationalbibliothek
Die Deutsche Nationalbibliothek verzeichnet diese Publikation in der Deutschen Nationalbibliografie; detaillierte bibliografische Daten sind im Internet über http://dnb.d-nb.de abrufbar.

BLV Buchverlag GmbH & Co. KG
80797 München

Deutscher Landwirtschaftsverlag GmbH, Redaktion kraut&rüben
80797 München

Autoren:
Katharina Bodenstein, Wolfram Franke, Katja Holler, Elisabeth Kögel, Eva Puchtinger, Ulrike Schäfner, Christiane Widmayr-Falconi

Umschlagkonzeption: Kochan & Partner, München
Umschlagfotos:
Vorderseite: Flora Press/Botanical Images
Rückseite: GAP/Leigh Clapp (links), GAP/Jerry Harpur (rechts)

Programmleitung Garten und Lektorat:
Dr. Thomas Hagen
Redaktion: Eva Puchtinger
Herstellung: Angelika Tröger
Layoutkonzept Innenteil: griesbeck design, Dorothee Griesbeck, München
DTP: Brigitte Tschöcke, Agentur Walter, Gundelfingen

Gedruckt auf chlorfrei gebleichtem Papier

Printed in Germany
ISBN 978-3-8354-1093-0

Hinweis
Das vorliegende Buch wurde sorgfältig erarbeitet. Dennoch erfolgen alle Angaben ohne Gewähr. Weder Autoren noch Verlag können für eventuelle Nachteile oder Schäden, die aus den im Buch vorgestellten Informationen resultieren, eine Haftung übernehmen.